SER FELIZ

Con tu bien más preciado:

"El tiempo"

"Cómo aprovechar el tiempo de tu vida"

Mónica Beltrán Pérez

"AGENDA UNIVERSAL"

Te doy la bienvenida a la aventura de estas páginas.

La agenda que ahora mismo tienes en tus manos no es una agenda cualquiera, ni tampoco un dietario anual.

La llamé Agenda Universal porque su contenido es mágico.

Me ha acompañado en mi proceso de transformación personal desde el momento cero. Ha sido como mi guía terrenal. Es como haber descubierto un tesoro.

HOY TE LO REGALO A TI

"TU PUEDES DECIDIR SI PODRÍA SER TU TESORO MÁS PRECIADO"

Los tesoros se cuidan, se miman y se alimentan.

¡Es el momento de valorar tu tiempo, tu tesoro!

Esta agenda universal la he creado para que puedas agilizar e invertir de una forma cómoda y fácil, tus momentos de vida.

He querido recoger en ella todos los vídeos y canciones que más me ha ayudado a crecer durante la creación de la saga "SER FELIZ".

- **¿Para quién es esta agenda?**

Para adultos, personas mayores, adolecentes, niños, padres, hijos, abuelos, hermanos, emprendedoras/es, empresarias/os, trabajadoras/es, profesoras/es, funcionarias/os, empleadas/as, etc.... como ves, esta agenda es para todas las personas.

- **¿Qué vas a encontrar aquí?**

Aquí encontrarás canciones actuales, canciones del recuerdo, música que te elevará la vibración, vídeos curiosos, emocionales, vídeos que te sacarán de tu zona de confort incómoda, películas inspiradoras, cuentos para reflexionar, acertijos, cuentos para niños, cortometrajes, experimentos sociales, vídeos de inteligencia financiera, etc....

- **¿Para qué he creado esta agenda?**

Para que puedas entretenerte, divertirte, enriquecerte, crecer emocional y financieramente, reírte y ponerte muy incómodo.

- **¿Por qué la comparto contigo?**

Porque sé que te puede ayudar a avanzar en tu vida, como me ayudó a mí a superar adversidades en todas mis áreas (recuerda que en el primer libro de la Saga, te hablaba de las áreas principales de vida, área personal, laboral, familiar y emocional).

- **¿Cómo está diseñada?**

Está diseñada de la siguiente forma:

1º Aparecen todos los días del año desde el 1 de Enero al 31 de Diciembre.

2º En cada día podrás **leer** una frase, **escuchar** una canción y **mirar** un vídeo del canal de You Tube.

- **Leer:** Hay una frase está escrita por día. Son frases inspiradoras de personas célebres que están aquí y otras que ya se han marchado.

- **Escuchar y mirar:** Hay canciones y vídeos registrados con códigos QR, los cuales podrás escanear en tu móvil y te llevará directamente a la canción y vídeo del día en concreto.

3º Y por último, tienes al final de cada día un espacio donde podrás escribir **PARA TI**, tu reflexión, inspiración o lo que tú desees que te haya aportado. También podrás valorar cuál de las tres cosas te ha gustado más. Es tu elección.

RECUERDA: Esto es un regalo para ti, puedes verlo cuando quieras cuantas veces desees y compartir las canciones, vídeos o reflexiones con quien te apetezca. También puedes enviar el enlace a personas de las que te acuerdes mientras lees, escuchas y miras.

- **¿Cómo puedes escanear los códigos QR?**

Muy fácil. Tengas el móvil que tengas (Androide o iPhone) puedes ir a la aplicación Play Store y descargarte gratuitamente cualquier aplicación de lectura de códigos QR. Una vez descargada, puedes abrirla y escanear los códigos del día. Así de fácil. Si no te aclaras, pregúntale a los niños, ellos te lo solucionarán enseguida.

***

La gran mayora de canciones y vídeos que vas a descubrir, tienen más de 100.000 visualizaciones. Algunos de ellos son realmente estremecedores. Quizás hayas visto ya alguno de ellos.

Puede que te encuentras algunas repetidas, no pasa nada, sigue descubriendo los siguientes días. Igual tienes que volver a verlo o escucharlo otra vez.

También es posible que alguna canción o vídeo, llegue algún momento que no se pueda ver. Tampoco pasa nada, continúa. Que nada te pare de vivir el momento presente.

Una aclaración:

El diseño de esta Agenda Universal lo he realizado yo. El contenido es prestado de las maravillosas redes sociales que nos ofrece el Universo, por lo tanto es posible que en algún momento concreto pueda desaparecer algo. No pasa nada, mientras nos permitan disfrutar de ellas, así lo haremos. De esta forma también estamos ayudando a los demás, expandiendo sus vídeos a millones de personas.

Deseo de todo corazón que disfrutes mucho de esta guía y Agenda Universal, te enriquezcas, diviertas y crezcas tanto como lo pude hacer yo.

Sin más preámbulo ni distracción, te doy la bienvenida a este maravilloso mundo de la televisión del momento presente.

Mónica Beltrán Pérez

"TU TIEMPO ES TUYO"

TU BRÚJULA LA MUEVES TÚ

PON RUMBO

A LA DIRECCIÓN CORRECTA

Y

¡DISFRUTA DE TU VIDA!

Mónica Beltrán Pérez

ENERO

1 de Enero

Lee:

"Tu tiempo es limitado, así que no lo malgastes viviendo la vida de otro. Vive tu propia vida. Todo lo demás es secundario."

STEVE JOBS

 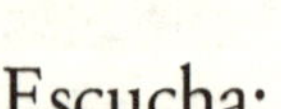   

Escucha: Mira:

PUEDES COMPARTIR AQUÍ...

LO QUE MÁS TE GUSTÓ E INSPIRÓ:

TU REFLEXIÓN:

2 de Enero

Lee:

"El tiempo es la divisa de tu vida. Es la única divisa que tienes, y solo tú puedes determinar cómo será gastada. Se cuidadoso y no permitas que otras personas la gasten por ti."

CARL SANDBURG

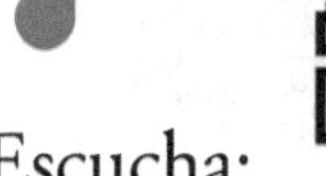

Escucha:

Mira:

PUEDES COMPARTIR AQUÍ...

LO QUE MÁS TE GUSTÓ E INSPIRÓ:

TU REFLEXIÓN:

3 de Enero

Lee:

"Un hombre que se permite malgastar una hora de su tiempo no ha descubierto el valor de la vida."

CHARLES DARWIN

Escucha:

Mira:

PUEDES COMPARTIR AQUÍ...

LO QUE MÁS TE GUSTÓ E INSPIRÓ:

TU REFLEXIÓN:

4 de Enero

Lee:

"¿Qué es el tiempo? Si nadie me lo pregunta, lo sé. Pero si tuviese que explicárselo a alguien no sabría cómo hacerlo."

SAN AGUSTÍN

Escucha:

Mira:

PUEDES COMPARTIR AQUÍ...

LO QUE MÁS TE GUSTÓ E INSPIRÓ:

TU REFLEXIÓN:

5 de Enero

Lee:

"Puedes pedirme cualquier cosa que quieras, excepto tiempo."

NAPOLEÓN

Escucha:

Mira:

PUEDES COMPARTIR AQUÍ...

LO QUE MÁS TE GUSTÓ E INSPIRÓ:

TU REFLEXIÓN:

MÓNICA
BELTRÁN PÉREZ

6 de Enero

Lee:

"La alegría cuanto más se gasta, más queda".

RALPH WALDO EMERSON

Escucha:

Mira:

PUEDES COMPARTIR AQUÍ...

LO QUE MÁS TE GUSTÓ E INSPIRÓ:

TU REFLEXIÓN:

7 de Enero

Lee:

"El tiempo es la imagen de la eternidad en movimiento."

PLATÓN

Escucha:

Mira:

PUEDES COMPARTIR AQUÍ...

LO QUE MÁS TE GUSTÓ E INSPIRÓ:

TU REFLEXIÓN:

8 de Enero

Lee:

"Es una locura odiar a todas las rosas porque una te pinchó. Renunciar a todos tus sueños porque uno de ellos no se realizó".

EL PRINCIPITO

Escucha:

Mira:

PUEDES COMPARTIR AQUÍ...

LO QUE MÁS TE GUSTÓ E INSPIRÓ:

TU REFLEXIÓN:

9 de Enero

Lee:

"El día más desaprovechado de todos los días es aquel en que no nos hemos reído".

NICOLAS-SÉBASTIEN ROCH

Escucha:

Mira:

PUEDES COMPARTIR AQUÍ...

LO QUE MÁS TE GUSTÓ E INSPIRÓ:

TU REFLEXIÓN:

10 de Enero

Lee:

"No te preocupes tanto por las arrugas de tu cara y atiende a las de tu alma… esas sí matan"

ANÓNIMO

Escucha:

Mira:

PUEDES COMPARTIR AQUÍ...

LO QUE MÁS TE GUSTÓ E INSPIRÓ:

TU REFLEXIÓN:

11 de Enero

Lee:

"Nunca sabes lo fuerte que eres, hasta que ser fuerte es la única opción que te queda".

BOB MARLEY

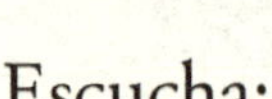

Escucha:

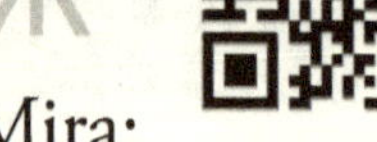

Mira:

PUEDES COMPARTIR AQUÍ...

LO QUE MÁS TE GUSTÓ E INSPIRÓ:

TU REFLEXIÓN:

12 de Enero

Lee:

"La vida es una película que vuelve a empezar cada mañana al despertarnos. Olvídate de tus errores, cada día tienes una nueva oportunidad para triunfar y alcanzar la felicidad".

NORKIN GILBERT

Escucha:

Mira:

PUEDES COMPARTIR AQUÍ...

 **LO QUE MÁS TE GUSTÓ E INSPIRÓ:**

 **TU REFLEXIÓN:**

13 de Enero

Lee:

"En la vida hay algo peor que el fracaso: el no haber intentado nada".

FRANKLIN D. ROOSVELT

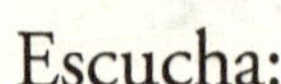

Escucha:

Mira:

14 de Enero

Lee:

"Pide y recibirás, busca y encontrarás; llama y se te abrirán las puertas".

Escucha: Mira:

PUEDES COMPARTIR AQUÍ...

LO QUE MÁS TE GUSTÓ E INSPIRÓ:

TU REFLEXIÓN:

15 de Enero

Lee:

"El éxito no se mide en el dinero, sino en la diferencia que marca en las personas".

MICHELLE OBAMA

 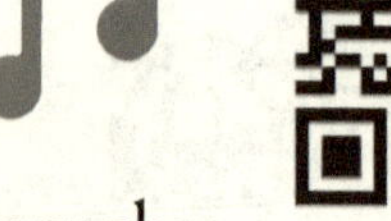

Escucha:

Mira:

PUEDES COMPARTIR AQUÍ...

LO QUE MÁS TE GUSTÓ E INSPIRÓ:

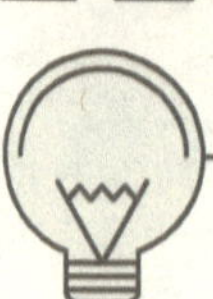

TU REFLEXIÓN:

16 de Enero

Lee:

"Si tú crees que puedes, puedes. Si tú crees que no puedes, no puedes. Tanto si piensas una cosa como la otra, estás en lo cierto".

HENRY FORD

Escucha:

Mira:

PUEDES COMPARTIR AQUÍ...

LO QUE MÁS TE GUSTÓ E INSPIRÓ:

TU REFLEXIÓN:

17 de Enero

Lee:

"No hay camino para la verdad, la verdad es el camino".
MAHATMA GANDHI

 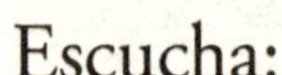 

Escucha:

Mira:

PUEDES COMPARTIR AQUÍ...

LO QUE MÁS TE GUSTÓ E INSPIRÓ:

TU REFLEXIÓN:

18 de Enero

Lee:

"Pensamientos tontos los que tenemos todos, pero el sabio se los calla".

Wilhelm Bush

Escucha:

Mira:

19 de Enero

Lee:

"El bien que hicimos la víspera, es el que nos trae la felicidad por la mañana".

PROVERBIO HINDÚ

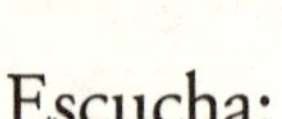

Escucha:

Mira:

PUEDES COMPARTIR AQUÍ...

LO QUE MÁS TE GUSTÓ E INSPIRÓ:

TU REFLEXIÓN:

20 de Enero

Lee:

"No confundas mi silencio con mi ignorancia, mi tranquilidad con mi aceptación, mi gentileza con mi debilidad"

Escucha:

Mira:

PUEDES COMPARTIR AQUÍ...

LO QUE MÁS TE GUSTÓ E INSPIRÓ:

TU REFLEXIÓN:

MÓNICA
BELTRÁN PÉREZ

21 de Enero

Lee:

"El secreto de la existencia humana no solo está en vivir, sino también en saber para qué se vive".

Fiódor Dostoioevski

Escucha:

Mira:

PUEDES COMPARTIR AQUÍ...

 LO QUE MÁS TE GUSTÓ E INSPIRÓ:

 TU REFLEXIÓN:

22 de Enero

Lee:

"Feliz es el hombre que aprende temprano el amplio abismo existente entre sus deseos y sus facultades".

GOETHE

Escucha:

Mira:

PUEDES COMPARTIR AQUÍ...

LO QUE MÁS TE GUSTÓ E INSPIRÓ:

TU REFLEXIÓN:

23 de Enero

Lee:

"¿Amas la vida? Pues no desperdicies el tiempo, porque es la sustancia de la que está hecha".

Benjamín Franklin

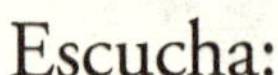

Escucha:

Mira:

24 de Enero

Lee:

"Aprendí que no se puede dar marcha atrás, que la esencia de la vida es ir hacia adelante".

AGATHA CHRISTIE

Escucha:

Mira:

PUEDES COMPARTIR AQUÍ...

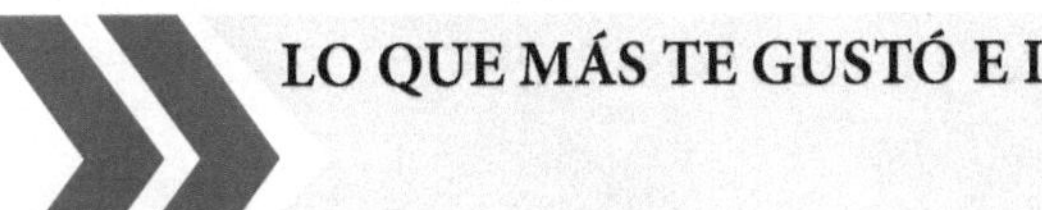
LO QUE MÁS TE GUSTÓ E INSPIRÓ:

TU REFLEXIÓN:

25 de Enero

Lee:

"La vida no se mide por las veces que respiras, sino por los momentos que te dejan sin aliento". De la película "Hitch"

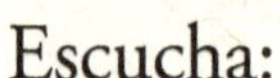

Escucha:

Mira:

PUEDES COMPARTIR AQUÍ...

LO QUE MÁS TE GUSTÓ E INSPIRÓ:

TU REFLEXIÓN:

26 de Enero

Lee:

"Una persona que ve la vida a los 50 años igual que a los 20, ha desperdiciado 30 años de vida".

Muhammad Alí

Escucha:

Mira:

PUEDES COMPARTIR AQUÍ...

LO QUE MÁS TE GUSTÓ E INSPIRÓ:

TU REFLEXIÓN:

27 de Enero

Lee:

"Si deseas que tus sueños se hagan realidad… ¡DESPIERTA!"

Escucha:

Mira:

PUEDES COMPARTIR AQUÍ…

LO QUE MÁS TE GUSTÓ E INSPIRÓ:

TU REFLEXIÓN:

MÓNICA
BELTRÁN PÉREZ

28 de Enero

Lee:

"Si das pescado a un hombre hambriento lo nutrirás durante una jornada. Si le enseñas a pescar, le nutrirás toda su vida".

LAO-TSÉ

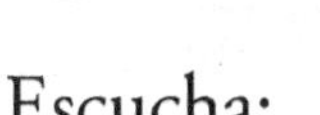

Escucha:

Mira:

PUEDES COMPARTIR AQUÍ...

LO QUE MÁS TE GUSTÓ E INSPIRÓ:

TU REFLEXIÓN:

29 de Enero

Lee:

"El respeto se gana, la honestidad se aprecia, la confianza se adquiere, la lealtad se devuelve…

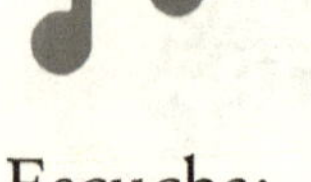

Escucha:

Mira:

LO QUE MÁS TE GUSTÓ E INSPIRÓ:

TU REFLEXIÓN:

MÓNICA
BELTRÁN PÉREZ

30 de Enero

Lee:

"Sólo se puede ser feliz siempre que se sepa ser feliz con todo".

CONFUCIO

Escucha:

Mira:

LO QUE MÁS TE GUSTÓ E INSPIRÓ:

TU REFLEXIÓN:

31 de Enero

Lee:

"Lo único que realmente nos pertenece es el tiempo.
Incluso aquel que nada tiene, lo posee."

BALTASAR GRACIÁN

 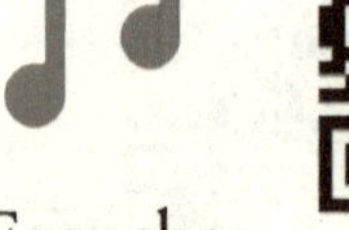 

Escucha:

Mira:

PUEDES COMPARTIR AQUÍ...

LO QUE MÁS TE GUSTÓ E INSPIRÓ:

TU REFLEXIÓN:

FEBRERO

1 de Febrero

Lee:

"No tengo tiempo para tener prisa."

JOHN WESLEY

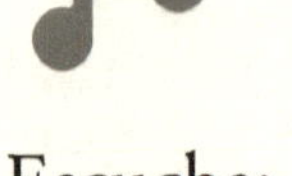

Escucha:

Mira:

PUEDES COMPARTIR AQUÍ...

LO QUE MÁS TE GUSTÓ E INSPIRÓ:

TU REFLEXIÓN:

MÓNICA
BELTRÁN PÉREZ

2 de Febrero

Lee:

"Se dice que el tiempo es un gran maestro; lo malo es que va matando a sus discípulos."

HECTOR BERLIOZ

Escucha:

Mira:

PUEDES COMPARTIR AQUÍ...

LO QUE MÁS TE GUSTÓ E INSPIRÓ:

TU REFLEXIÓN:

3 de Febrero

Lee:

> "Cuando decimos que todo tiempo pasado fue mejor,
> estamos condenando el futuro sin conocerlo."
>
> FRANCISCO DE QUEVEDO

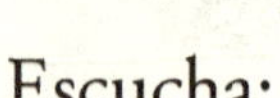

Escucha:

Mira:

PUEDES COMPARTIR AQUÍ...

LO QUE MÁS TE GUSTÓ E INSPIRÓ:

TU REFLEXIÓN:

4 de Febrero

Lee:

"El tiempo es como un río que forman los acontecimientos."

MARCO AURELIO

Escucha:

Mira:

PUEDES COMPARTIR AQUÍ...

LO QUE MÁS TE GUSTÓ E INSPIRÓ:

TU REFLEXIÓN:

5 de Febrero

Lee:

"Todo el mundo trata de realizar algo grande, sin darse cuenta de que la vida se compone de cosas pequeñas."

FRANK CLARK

Escucha:

Mira:

PUEDES COMPARTIR AQUÍ...

LO QUE MÁS TE GUSTÓ E INSPIRÓ:

TU REFLEXIÓN:

6 de Febrero

Lee:

"No hay pasión más ilusa y fanática que el odio".

GEORGE GORDON

Escucha:

Mira:

LO QUE MÁS TE GUSTÓ E INSPIRÓ:

TU REFLEXIÓN:

7 de Febrero

Lee:

"Lo que doy, me lo doy. Lo que no doy, me lo quito. Nada para mí que no sea para los otros".

ALEJANDRO JODOROWSKY

Escucha:

Mira:

PUEDES COMPARTIR AQUÍ...

LO QUE MÁS TE GUSTÓ E INSPIRÓ:

TU REFLEXIÓN:

MÓNICA
BELTRÁN PÉREZ

8 de Febrero

Lee:

"Sólo le falta el tiempo a quien no sabe aprovecharlo".

JOVELLANOS

Escucha:

Mira:

PUEDES COMPARTIR AQUÍ...

LO QUE MÁS TE GUSTÓ E INSPIRÓ:

TU REFLEXIÓN:

9 de Febrero

Lee:

"Se necesitan dos años para aprender a hablar, y sesenta para aprender a callar".

ERNEST HEMINGWAY

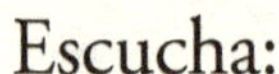

Escucha: 

 Mira: 

PUEDES COMPARTIR AQUÍ...

>> LO QUE MÁS TE GUSTÓ E INSPIRÓ:

 TU REFLEXIÓN:

10 de Febrero

Lee:

"Cuando estás inspirado por algún gran propósito, por algún extraordinario proyecto, los pensamientos rompen las barreras; la mente trasciende sus limitaciones, la conciencia se expande en todas direcciones y te encuentras en un nuevo mundo maravilloso. Las fuerzas, las facultades y los talentos dormidos cobran vida. En ese momento te das cuenta de que eres mucho más grande de lo que jamás hubieras soñado".

PATAÑJALI

Escucha:

Mira:

PUEDES COMPARTIR AQUÍ...

LO QUE MÁS TE GUSTÓ E INSPIRÓ:

TU REFLEXIÓN:

11 de Febrero

Lee:

"Cada hombre puede mejorar su vida mejorando su actitud".

HÉCTOR TASSINARI

Escucha:

Mira:

PUEDES COMPARTIR AQUÍ...

LO QUE MÁS TE GUSTÓ E INSPIRÓ:

TU REFLEXIÓN:

12 de Febrero

Lee:

"Dios no te hubiera dado la capacidad de soñar sin darte también la posibilidad de convertir tus sueños en realidad".

HÉCTOR TASSINARI

Escucha:

Mira:

PUEDES COMPARTIR AQUÍ...

 LO QUE MÁS TE GUSTÓ E INSPIRÓ:

 TU REFLEXIÓN:

13 de Febrero

Lee:

"Si eres paciente en un momento de ira, escaparás a cien días de tristeza".

PROVERBIO CHINO

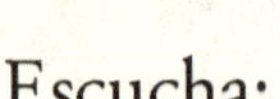

Escucha:

Mira:

PUEDES COMPARTIR AQUÍ...

LO QUE MÁS TE GUSTÓ E INSPIRÓ:

TU REFLEXIÓN:

14 de Febrero

Lee:

"No hagas a los otros lo que no te gustaría que te hicieran a ti."

CONFUCIO

Escucha:

Mira:

PUEDES COMPARTIR AQUÍ...

LO QUE MÁS TE GUSTÓ E INSPIRÓ:

TU REFLEXIÓN:

15 de Febrero

Lee:

> "Hay dos maneras de vivir la vida: una como si nada fuese un milagro, la otra como si todo fuese un milagro".
>
> ALBERT EINSTEIN

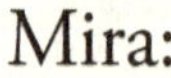

Escucha: Mira:

PUEDES COMPARTIR AQUÍ...

LO QUE MÁS TE GUSTÓ E INSPIRÓ:

TU REFLEXIÓN:

MÓNICA
BELTRÁN PÉREZ

16 de Febrero

Lee:

"Para ser feliz hay que vivir en guerra con las propias pasiones y en paz con las de los demás".

SÉNECA

Escucha:

Mira:

PUEDES COMPARTIR AQUÍ...

LO QUE MÁS TE GUSTÓ E INSPIRÓ:

TU REFLEXIÓN:

17 de Febrero

Lee:

"Muchas personas no gozan de las pequeñas alegrías, porque esperan la gran felicidad".

Pearl S. Buck

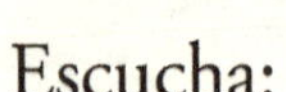

Escucha:

Mira:

PUEDES COMPARTIR AQUÍ...

LO QUE MÁS TE GUSTÓ E INSPIRÓ:

TU REFLEXIÓN:

18 de Febrero

Lee:

"¿Amas la vida? Pues no desperdicies el tiempo, porque es la sustancia de la que está hecha".

BENJAMÍN FRANKLIN

Escucha:

Mira:

PUEDES COMPARTIR AQUÍ...

LO QUE MÁS TE GUSTÓ E INSPIRÓ:

TU REFLEXIÓN:

19 de Febrero

Lee:

"Vivir no es sólo existir y crear, es saber gozar y sufrir y no dormir sin soñar. Descansar es empezar a morir".

GREGORIO MARAÑÓN

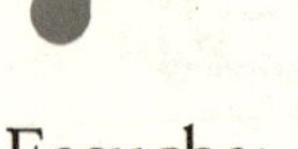

Escucha:

Mira:

PUEDES COMPARTIR AQUÍ...

LO QUE MÁS TE GUSTÓ E INSPIRÓ:

TU REFLEXIÓN:

20 de Febrero

Lee:

"Un hoy vale por dos mañanas".

BENJAMÍN FRANKLIN

Escucha: Mira:

PUEDES COMPARTIR AQUÍ...

LO QUE MÁS TE GUSTÓ E INSPIRÓ:

TU REFLEXIÓN:

21 de Febrero

Lee:

"Cumplamos la tarea de vivir de tal modo que cuando muramos, incluso el de la funeraria lo sienta".

MARC TWAIN

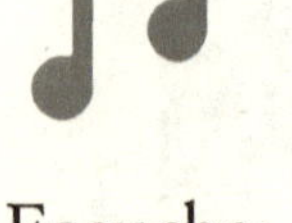

Escucha:

Mira:

PUEDES COMPARTIR AQUÍ...

LO QUE MÁS TE GUSTÓ E INSPIRÓ:

TU REFLEXIÓN:

MÓNICA
BELTRÁN PÉREZ

22 de Febrero

Lee:

"Recuerda que la felicidad no depende en quién eres o qué tienes; depende únicamente en lo que piensas".

DALE CARNEGIE

Escucha:

Mira:

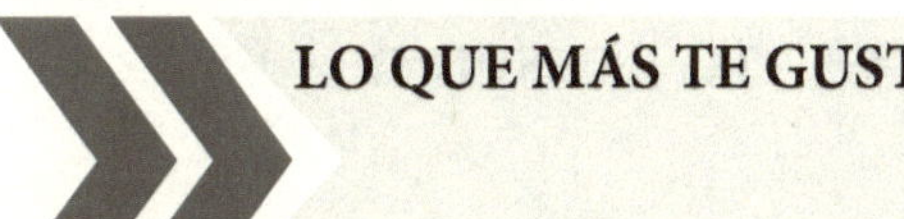

PUEDES COMPARTIR AQUÍ...

LO QUE MÁS TE GUSTÓ E INSPIRÓ:

TU REFLEXIÓN:

23 Febrero

Lee:

"No cuentes los días, haz que los días cuenten".

Muhamed Alí

Escucha:

Mira:

PUEDES COMPARTIR AQUÍ...

LO QUE MÁS TE GUSTÓ E INSPIRÓ:

TU REFLEXIÓN:

24 de Febrero

Lee:

"Aquel que duda y no investiga, se torna no sólo infeliz, sino también injusto".

PASCAL

Escucha:

Mira:

PUEDES COMPARTIR AQUÍ...

 **LO QUE MÁS TE GUSTÓ E INSPIRÓ:**

 **TU REFLEXIÓN:**

25 de Febrero

Lee:

"Pasamos mucho tiempo ganándonos la vida, pero no el suficiente tiempo viviéndola".

TERESA DE CALCUTA

Escucha:

Mira:

PUEDES COMPARTIR AQUÍ...

LO QUE MÁS TE GUSTÓ E INSPIRÓ:

TU REFLEXIÓN:

26 de Febrero

Lee:

"Hijo mío, la felicidad está hecha de pequeñas cosas, un pequeño yate, una pequeña mansión, una pequeña fortuna".

GROUCHO MARX

Escucha:

Mira:

PUEDES COMPARTIR AQUÍ...

LO QUE MÁS TE GUSTÓ E INSPIRÓ:

TU REFLEXIÓN:

27 de Febrero

Lee:

"El secreto de la felicidad no está en hacer lo que a uno le gusta sino en que le guste lo que uno hace".

Sir James M. Barrie

Escucha:

Mira:

PUEDES COMPARTIR AQUÍ...

LO QUE MÁS TE GUSTÓ E INSPIRÓ:

TU REFLEXIÓN:

28 de Febrero

Lee:

"Aquel que tiene un porqué para vivir, se puede enfrentar a todos los cómos".

FRIEDRICH NIETZSCHE

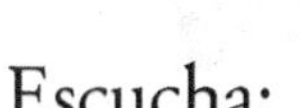

Escucha:

Mira:

PUEDES COMPARTIR AQUÍ...

LO QUE MÁS TE GUSTÓ E INSPIRÓ:

TU REFLEXIÓN:

29 de Febrero

Lee:

> "El mundo pertenece a los optimistas; los pesimistas son meros espectadores".

Dwight Einsnhower

Escucha:

Mira:

PUEDES COMPARTIR AQUÍ...

LO QUE MÁS TE GUSTÓ E INSPIRÓ:

TU REFLEXIÓN:

MARZO

1 de Marzo

Lee:

"El chisme emite un veneno triple, porque hiere al que lo dice, al que lo escucha y a la persona de quien se habla".

CHARLES SPURGEON

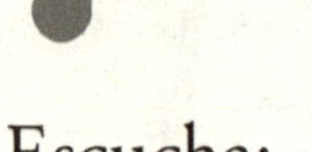

Escucha:

Mira:

PUEDES COMPARTIR AQUÍ...

LO QUE MÁS TE GUSTÓ E INSPIRÓ:

TU REFLEXIÓN:

MÓNICA
BELTRÁN PÉREZ

2 de Marzo

Lee:

"Me preguntas por qué compro arroz y flores. Compro arroz para vivir y flores para tener algo por lo que vivir".

CONFUCIO

Escucha: Mira:

PUEDES COMPARTIR AQUÍ...

LO QUE MÁS TE GUSTÓ E INSPIRÓ:

TU REFLEXIÓN:

3 de Marzo

Lee:

"La felicidad está en la libertad, y la libertad en el coraje".

PERICLES

Escucha:

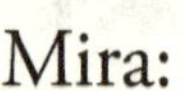

Mira:

PUEDES COMPARTIR AQUÍ...

LO QUE MÁS TE GUSTÓ E INSPIRÓ:

TU REFLEXIÓN:

4 de Marzo

Lee:

"Felicidad es no estar adolorido en el cuerpo ni preocupado en la mente".

THOMAS JEFFERSON

Escucha:

Mira:

PUEDES COMPARTIR AQUÍ...

LO QUE MÁS TE GUSTÓ E INSPIRÓ:

TU REFLEXIÓN:

5 de Marzo

Lee:

"Es muy probable que las mejores decisiones no sean fruto de una reflexión del cerebro sino del resultado de una emoción".

EDUARD PUNSET

Escucha:

Mira:

PUEDES COMPARTIR AQUÍ...

LO QUE MÁS TE GUSTÓ E INSPIRÓ:

TU REFLEXIÓN:

6 de Marzo

Lee:

"No hay viento favorable para el que no sabe a qué puerto se dirige".

SÉNECA

Escucha:

Mira:

PUEDES COMPARTIR AQUÍ...

LO QUE MÁS TE GUSTÓ E INSPIRÓ:

TU REFLEXIÓN:

7 de Marzo

Lee:

"Lo que más sorprende del hombre occidental, es que pierden la salud para ganar dinero, después pierden el dinero para recuperar la salud. Por pensar ansiosamente en el futuro, no disfrutan del presente ni del futuro. Y viven como si no tuviesen que morir nunca… y mueren como si nunca hubieran vivido".

DALAI LAMA

 Escucha: 

 Mira: 

PUEDES COMPARTIR AQUÍ...

LO QUE MÁS TE GUSTÓ E INSPIRÓ:

 TU REFLEXIÓN:

8 de Marzo

Lee:

"Me gustan las personas que deja huella, no las que dejan cicatrices".

ANÓNIMO

Escucha: Mira:

PUEDES COMPARTIR AQUÍ...

LO QUE MÁS TE GUSTÓ E INSPIRÓ:

TU REFLEXIÓN:

9 de Marzo

Lee:

"Cualquier fracaso que podamos sufrir en la vida, lo podemos convertir en un pequeño éxito si seguimos el camino adecuado. Sigue caminando".

MICHELANGELO SAEZ

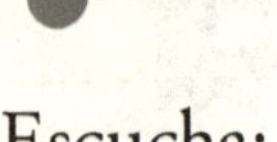

Escucha:

Mira:

PUEDES COMPARTIR AQUÍ...

LO QUE MÁS TE GUSTÓ E INSPIRÓ:

TU REFLEXIÓN:

MÓNICA
BELTRÁN PÉREZ

10 de Marzo

Lee:

"En materia de amor y desamor somos como recién nacidos toda la vida".

EDUARD PUNSET

Escucha:

Mira:

PUEDES COMPARTIR AQUÍ...

LO QUE MÁS TE GUSTÓ E INSPIRÓ:

TU REFLEXIÓN:

11 de Marzo

Lee:

"Esfuérzate por no necesitar la aprobación de nadie, y serás libre de ser quien realmente eres".

RABÍ NAJMAN DE BRESLEV

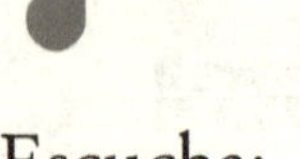

Escucha:

Mira:

PUEDES COMPARTIR AQUÍ...

LO QUE MÁS TE GUSTÓ E INSPIRÓ:

TU REFLEXIÓN:

12 de Marzo

Lee:

"Hay quienes no quieren ver sus problemas, quienes ven problemas donde no los hay y quienes de la nada lo que mejor inventan son problemas…"

ANÓNIMO

Escucha:

Mira:

PUEDES COMPARTIR AQUÍ...

 LO QUE MÁS TE GUSTÓ E INSPIRÓ:

 TU REFLEXIÓN:

13 de Marzo

Lee:

"El futuro influye el presente tanto como el pasado".
FRIEDRICH NIETZSCHE.

Escucha: Mira:

PUEDES COMPARTIR AQUÍ...

LO QUE MÁS TE GUSTÓ E INSPIRÓ:

TU REFLEXIÓN:

14 de Marzo

Lee:

"Nuestra habilidad para adaptarnos es increíble. Nuestra capacidad de cambiar es espectacular".

LIZA LUTZ

  Escucha:

  Mira:

PUEDES COMPARTIR AQUÍ...

 **LO QUE MÁS TE GUSTÓ E INSPIRÓ:**

 **TU REFLEXIÓN:**

15 de Marzo

Lee:

"El mensaje enviado no es siempre el mensaje recibido".

Virginia Satir

Escucha:

Mira:

PUEDES COMPARTIR AQUÍ...

LO QUE MÁS TE GUSTÓ E INSPIRÓ:

TU REFLEXIÓN:

16 de Marzo

Lee:

"Cada acto de aprendizaje consciente requiere la voluntad de sufrir una lesión a la propia autoestima. Es por ello que los niños chicos aprenden tan rápido antes de ser conscientes de su propia importancia".

THOMAS SZASZ.

Escucha:

Mira:

PUEDES COMPARTIR AQUÍ...

LO QUE MÁS TE GUSTÓ E INSPIRÓ:

TU REFLEXIÓN:

17 de Marzo

Lee:

"La desaparición del sentido de responsabilidad es la mayor consecuencia de la sumisión a la autoridad".

STANLEY MILGRAM

Escucha: Mira:

PUEDES COMPARTIR AQUÍ...

LO QUE MÁS TE GUSTÓ E INSPIRÓ:

TU REFLEXIÓN:

18 de Marzo

Lee:

"Creo que uno de los principales resultados de la psicología de la toma de decisiones, es que las actitudes y sentimientos de las personas sobre las pérdidas y ganancias no son simétricas. Sentimos más dolor al perder 10000 euros que placer al ganar 10000 euros".

DANIEL KAHNEMAN

Escucha:

Mira:

PUEDES COMPARTIR AQUÍ...

LO QUE MÁS TE GUSTÓ E INSPIRÓ:

 **TU REFLEXIÓN:**

19 de Marzo

Lee:

"Si deseas ser feliz, debes resignarte a ver a otros felices".
BERTRAND RUSSELL

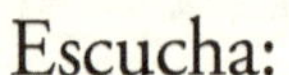

Escucha:

Mira:

PUEDES COMPARTIR AQUÍ...

LO QUE MÁS TE GUSTÓ E INSPIRÓ:

TU REFLEXIÓN:

20 de Marzo

Lee:

"La creatividad requiere el coraje de dejar ir las certezas".
ERICH FROMM

Escucha:

Mira:

PUEDES COMPARTIR AQUÍ...

LO QUE MÁS TE GUSTÓ E INSPIRÓ:

TU REFLEXIÓN:

21 de Marzo

Lee:

"A veces, si quieres cambiar la mente de una persona, primero tienes que cambiar la mente de la persona que está a su lado".

MEGAN WHALEN TURNER

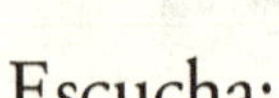

Escucha:

Mira:

PUEDES COMPARTIR AQUÍ...

LO QUE MÁS TE GUSTÓ E INSPIRÓ:

TU REFLEXIÓN:

MÓNICA
BELTRÁN PÉREZ

22 de Marzo

Lee:

"Cuando una persona se siente sin poder para controlar su propia vida, se puede defender contra esa incomodidad buscando el control sobre otra persona".

A. NICHOLAS GROTH

  Escucha:

  Mira:

PUEDES COMPARTIR AQUÍ...

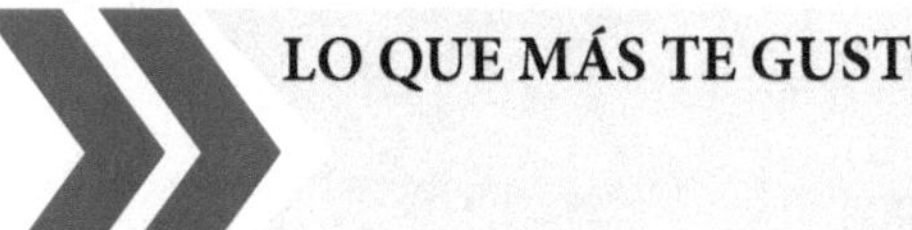

TU REFLEXIÓN:

23 de Marzo

Lee:

"El problema no es que tienes síntomas, es lo que haces con los síntomas que tienes".

FRED PENZEL

Escucha:

Mira:

PUEDES COMPARTIR AQUÍ...

LO QUE MÁS TE GUSTÓ E INSPIRÓ:

TU REFLEXIÓN:

24 de Marzo

Lee:

"A siete años de un suceso, el suceso ya es otro".

CAMILO JOSÉ CELA

Escucha:

Mira:

PUEDES COMPARTIR AQUÍ...

LO QUE MÁS TE GUSTÓ E INSPIRÓ:

TU REFLEXIÓN:

25 de Marzo

Lee:

"Antes las distancias eran mayores porque el espacio se mide por el tiempo".

JORGE LUIS BORGES

  Escucha:

  Mira:

PUEDES COMPARTIR AQUÍ...

 LO QUE MÁS TE GUSTÓ E INSPIRÓ:

 TU REFLEXIÓN:

26 de Marzo

Lee:

"Aprovecha el día de hoy; fíate del mañana lo menos posible".

HORACIO

Escucha:

Mira:

PUEDES COMPARTIR AQUÍ...

LO QUE MÁS TE GUSTÓ E INSPIRÓ:

TU REFLEXIÓN:

27 de Marzo

Lee:

"Añorar el pasado es correr tras el viento".

PROVERBIO RUSO

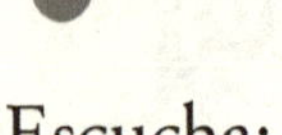

Escucha:

Mira:

PUEDES COMPARTIR AQUÍ...

LO QUE MÁS TE GUSTÓ E INSPIRÓ:

TU REFLEXIÓN:

28 de Marzo

Lee:

"A quien más sabe es a quien más duele perder el tiempo".

DANTE ALIGHIERI

Escucha:

Mira:

PUEDES COMPARTIR AQUÍ...

LO QUE MÁS TE GUSTÓ E INSPIRÓ:

TU REFLEXIÓN:

29 de Marzo

Lee:

"Aquel que se adelante al tiempo, morirá sin remedio; aquel que se atrase al tiempo, morirá sin remedio".

PROVERBIO CHINO

  Escucha:

  Mira:

PUEDES COMPARTIR AQUÍ...

LO QUE MÁS TE GUSTÓ E INSPIRÓ:

 TU REFLEXIÓN:

30 de Marzo

Lee:

"Cada noche morimos y cada mañana volvemos a nacer: cada día es una vida".

EDWARD YOUNG

Escucha:

Mira:

LO QUE MÁS TE GUSTÓ E INSPIRÓ:

TU REFLEXIÓN:

31 de Marzo

Lee:

"Nada es tan grave como parece cuando lo piensas".
DANIEL KAHNEMAN

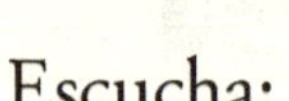

Escucha:

Mira:

PUEDES COMPARTIR AQUÍ...

LO QUE MÁS TE GUSTÓ E INSPIRÓ:

TU REFLEXIÓN:

ABRIL

1 de Abril

Lee:

"El tiempo es gratis pero no tiene precio. No puedes poseerlo pero puedes hacer uso de él. No se puede guardar pero se puede gastar. Una vez que lo has perdido ya nunca se puede recuperar."

HARVEY MACKAY

Escucha:

Mira:

PUEDES COMPARTIR AQUÍ...

LO QUE MÁS TE GUSTÓ E INSPIRÓ:

TU REFLEXIÓN:

MÓNICA
BELTRÁN PÉREZ

2 de Abril

Lee:

"El problema es que crees que tienes tiempo."

BUDA

Escucha:

Mira:

PUEDES COMPARTIR AQUÍ...

>> LO QUE MÁS TE GUSTÓ E INSPIRÓ:

 TU REFLEXIÓN:

3 de Abril

Lee:

"El amor es el espacio y el tiempo medido por el corazón."

MARCEL PROUST

Escucha:

Mira:

PUEDES COMPARTIR AQUÍ...

LO QUE MÁS TE GUSTÓ E INSPIRÓ:

TU REFLEXIÓN:

4 de Abril

Lee:

"El reto está en el momento; el tiempo es siempre ahora."

JAMES BALDWIN

Escucha:

Mira:

PUEDES COMPARTIR AQUÍ...

LO QUE MÁS TE GUSTÓ E INSPIRÓ:

TU REFLEXIÓN:

5 de Abril

Lee:

"Nunca encontrarás tiempo para nada. Debes crearlo."
CHARLES BRIXTON

Escucha:

Mira:

PUEDES COMPARTIR AQUÍ...

LO QUE MÁS TE GUSTÓ E INSPIRÓ:

TU REFLEXIÓN:

MÓNICA
BELTRÁN PÉREZ

6 de Abril

Lee:

"Los dos guerreros más poderosos son la paciencia y el tiempo."

LEÓN TOLSTÓI

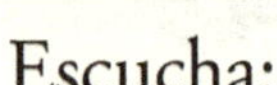

Escucha:

Mira:

PUEDES COMPARTIR AQUÍ...

LO QUE MÁS TE GUSTÓ E INSPIRÓ:

TU REFLEXIÓN:

MÓNICA
BELTRÁN PÉREZ

7 de Abril

Lee:

"El tiempo es algo creado. Decir 'no tengo tiempo' es como decir 'no quiero'."

LAO TSE

Escucha:

Mira:

PUEDES COMPARTIR AQUÍ...

LO QUE MÁS TE GUSTÓ E INSPIRÓ:

TU REFLEXIÓN:

8 de Abril

Lee:

"El tiempo es la divisa de tu vida. Es la única divisa que posees y solo tú puedes determinar cómo debe ser gastada. Sé cuidadoso y no permitas que otras personas la gasten por ti."

CARL SANDBURG

Escucha:

Mira:

PUEDES COMPARTIR AQUÍ...

LO QUE MÁS TE GUSTÓ E INSPIRÓ:

TU REFLEXIÓN:

9 de Abril

Lee:

"Es extraño que los años nos enseñan paciencia; que cuanto más corto el tiempo, mayor será nuestra capacidad de esperar."

ELIZABETH TAYLOR

Escucha:

Mira:

PUEDES COMPARTIR AQUÍ...

LO QUE MÁS TE GUSTÓ E INSPIRÓ:

TU REFLEXIÓN:

10 de Abril

Lee:

"Qué insensato es el hombre que deja transcurrir el tiempo estérilmente."

GOETHE

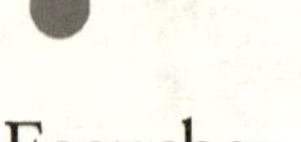

Escucha:

Mira:

PUEDES COMPARTIR AQUÍ...

LO QUE MÁS TE GUSTÓ E INSPIRÓ:

TU REFLEXIÓN:

11 de Abril

Lee:

"Si amas la vida, no pierdas el tiempo, porque la vida está hecha de tiempo."

BRUCE LEE

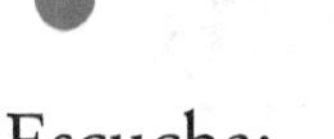

Escucha:

Mira:

PUEDES COMPARTIR AQUÍ...

LO QUE MÁS TE GUSTÓ E INSPIRÓ:

TU REFLEXIÓN:

12 de Abril

Lee:

"O tú corres el día o el día te corre a ti."

JIM ROHN

Escucha: Mira:

13 de Abril

Lee:

"El tiempo es un juego que se juega muy bien por los niños."

HERÁCLITO

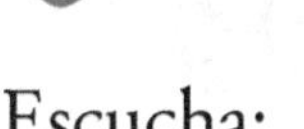

Escucha:

Mira:

LO QUE MÁS TE GUSTÓ E INSPIRÓ:

TU REFLEXIÓN:

14 de Abril

Lee:

"Tiempo es lo que más queremos pero es lo que usamos peor."

WILLIAM PENN

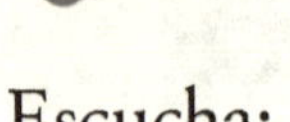

Escucha:

Mira:

PUEDES COMPARTIR AQUÍ...

LO QUE MÁS TE GUSTÓ E INSPIRÓ:

TU REFLEXIÓN:

15 de Abril

Lee:

"La manera que pasamos nuestro tiempo define quienes somos."

JONATHAN ESTRIN

Escucha:

Mira:

PUEDES COMPARTIR AQUÍ...

 **LO QUE MÁS TE GUSTÓ E INSPIRÓ:**

 **TU REFLEXIÓN:**

16 de Abril

Lee:

"El futuro es incierto y el final siempre está cerca."

JIM MORRISON

Escucha:

Mira:

PUEDES COMPARTIR AQUÍ...

 LO QUE MÁS TE GUSTÓ E INSPIRÓ:

 TU REFLEXIÓN:

17 de Abril

Lee:

"El tiempo se escapa como granos de arena que nunca volverán."

ROBIN SHARMA

Escucha:

Mira:

PUEDES COMPARTIR AQUÍ...

LO QUE MÁS TE GUSTÓ E INSPIRÓ:

TU REFLEXIÓN:

18 de Abril

Lee:

"Tu tiempo es limitado, así que no lo desperdicies viviendo la vida de otra persona."

STEVE JOBS

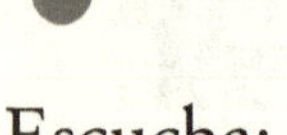

Escucha: Mira:

PUEDES COMPARTIR AQUÍ...

LO QUE MÁS TE GUSTÓ E INSPIRÓ:

TU REFLEXIÓN:

19 de Abril

Lee:

"El tiempo es el mejor autor; siempre encuentra un final perfecto."

CHARLES CHAPLIN

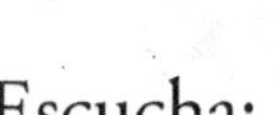

Escucha:

Mira:

PUEDES COMPARTIR AQUÍ...

LO QUE MÁS TE GUSTÓ E INSPIRÓ:

TU REFLEXIÓN:

20 de Abril

Lee:

"Debemos usar el tiempo como una herramienta, no como un sofá."

JOHN F. KENNEDY

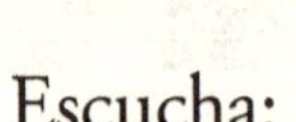

Escucha:

Mira:

PUEDES COMPARTIR AQUÍ...

LO QUE MÁS TE GUSTÓ E INSPIRÓ:

TU REFLEXIÓN:

21 de Abril

Lee:

> "El tiempo no rompe a la amistad, ni la separación."
> TENNESSEE WILLIAMS

Escucha:

Mira:

PUEDES COMPARTIR AQUÍ...

LO QUE MÁS TE GUSTÓ E INSPIRÓ:

TU REFLEXIÓN:

MÓNICA
BELTRÁN PÉREZ

22 de Abril

Lee:

"No perdamos nada de nuestro tiempo; quizá los hubo más bellos pero este es el nuestro."

JEAN PAUL SARTRE

 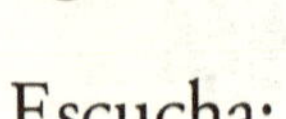 

Escucha:

Mira:

PUEDES COMPARTIR AQUÍ...

LO QUE MÁS TE GUSTÓ E INSPIRÓ:

TU REFLEXIÓN:

23 de Abril

Lee:

"El exceso de nuestra juventud son los cheques emitidos en contra de nuestra edad y que se pagan con interés treinta años más tarde."

CHARLES CALEB COLTON

Escucha:

Mira:

PUEDES COMPARTIR AQUÍ...

LO QUE MÁS TE GUSTÓ E INSPIRÓ:

TU REFLEXIÓN:

24 de Abril

Lee:

"Un minuto que pasa es irrecuperable. Conociendo esto ¿Cómo podemos malgastar tantas horas?"

MAHATMA GANDHI

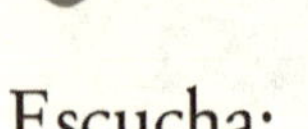

Escucha:

Mira:

PUEDES COMPARTIR AQUÍ...

LO QUE MÁS TE GUSTÓ E INSPIRÓ:

TU REFLEXIÓN:

25 de Abril

Lee:

"Si estás demasiado ocupado como para disfrutar de un tiempo de calidad con tu familia, entonces debes volver a evaluar tus prioridades."

DAVE WILLIS

Escucha:

Mira:

PUEDES COMPARTIR AQUÍ...

LO QUE MÁS TE GUSTÓ E INSPIRÓ:

TU REFLEXIÓN:

MÓNICA
BELTRÁN PÉREZ

26 de Abril

Lee:

"La juventud es feliz porque tiene la capacidad de ver la belleza. Cualquier persona que mantiene la capacidad de ver la belleza no envejece."

FRANZ KAFKA

Escucha:

Mira:

PUEDES COMPARTIR AQUÍ...

LO QUE MÁS TE GUSTÓ E INSPIRÓ:

TU REFLEXIÓN:

27 de Abril

Lee:

"Cambia tus 24 horas y cambiarás tu vida."

ERIC THOMAS

Escucha:

Mira:

PUEDES COMPARTIR AQUÍ...

LO QUE MÁS TE GUSTÓ E INSPIRÓ:

TU REFLEXIÓN:

28 de Abril

Lee:

"Debemos usar el tiempo sabiamente y darnos cuenta de que siempre es el momento oportuno para hacer las cosas bien."

NELSON MANDELA

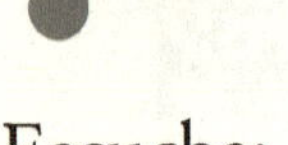

Escucha: Mira:

PUEDES COMPARTIR AQUÍ...

LO QUE MÁS TE GUSTÓ E INSPIRÓ:

TU REFLEXIÓN:

29 de Abril

Lee:

"Solo hay una cosa más preciosa que nuestro tiempo y es en con quién la gastamos."

LEO CHRISTOPHER

Escucha:

Mira:

PUEDES COMPARTIR AQUÍ...

LO QUE MÁS TE GUSTÓ E INSPIRÓ:

TU REFLEXIÓN:

30 de Abril

Lee:

"Nunca pierda ni un minuto pensando en la gente que no le agrada."

Dwight D. Eisenhower

Escucha:

Mira:

PUEDES COMPARTIR AQUÍ...

LO QUE MÁS TE GUSTÓ E INSPIRÓ:

TU REFLEXIÓN:

MAYO

1 de Mayo

Lee:

"Deja de actuar como si la vida es un ensayo. Vive este día como si fuera el último. El pasado ya se ha ido. El futuro no está garantizado."

WAYNE DYER

 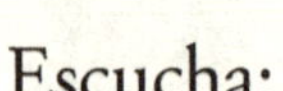 Escucha: 

Mira: 

PUEDES COMPARTIR AQUÍ...

LO QUE MÁS TE GUSTÓ E INSPIRÓ:

TU REFLEXIÓN:

2 de Mayo

Lee:

"Si ves que el tiempo pasa y tú no avanzas, tal vez debas cambiar de hábitos."

KARL MALONE

Escucha:

Mira:

PUEDES COMPARTIR AQUÍ...

LO QUE MÁS TE GUSTÓ E INSPIRÓ:

TU REFLEXIÓN:

3 de Mayo

Lee:

"El tiempo es precioso pero la verdad es más preciosa que el tiempo."

BENJAMIN DISRAELI

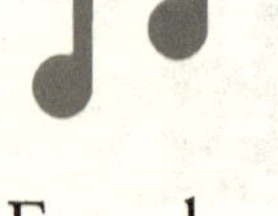

Escucha:

Mira:

PUEDES COMPARTIR AQUÍ...

LO QUE MÁS TE GUSTÓ E INSPIRÓ:

TU REFLEXIÓN:

4 de Mayo

Lee:

"El individuo es efímero, las razas y las naciones vienen y se van, pero el ser humano permanece."

NIKOLA TESLA

Escucha:

Mira:

PUEDES COMPARTIR AQUÍ...

LO QUE MÁS TE GUSTÓ E INSPIRÓ:

TU REFLEXIÓN:

5 de Mayo

Lee:

> "Si dejas que pase el tiempo sin hacer nada, pronto te darás cuenta de que solo vas a vivir una única vez."

ANÓNIMO

 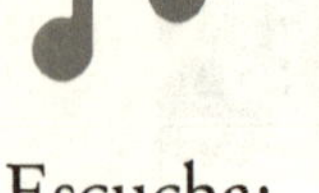 Escucha:

    Mira:

PUEDES COMPARTIR AQUÍ...

LO QUE MÁS TE GUSTÓ E INSPIRÓ:

 **TU REFLEXIÓN:**

MÓNICA
BELTRÁN PÉREZ

6 de Mayo

Lee:

"En todas nuestras acciones, el valor correcto y el respeto al tiempo determina el éxito o el fracaso."

MALCOLM X

Escucha:

Mira:

7 de Mayo

Lee:

"Disfruta la vida. Hay un montón de tiempo para estar muerto."

HANS CHRISTIAN ANDERSEN

Escucha:

Mira:

PUEDES COMPARTIR AQUÍ...

LO QUE MÁS TE GUSTÓ E INSPIRÓ:

TU REFLEXIÓN:

8 de Mayo

Lee:

"Todas mis posesiones por un momento más de tiempo."

ISABEL I (ANTES DE MORIR)

Escucha:

Mira:

PUEDES COMPARTIR AQUÍ...

LO QUE MÁS TE GUSTÓ E INSPIRÓ:

TU REFLEXIÓN:

9 de Mayo

Lee:

"Se dice que el tiempo es un gran maestro; lo malo es que va matando a sus discípulos."

HECTOR BERLIOZ

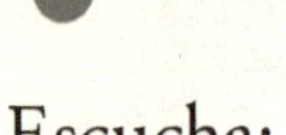

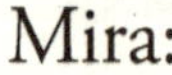

Escucha: Mira:

PUEDES COMPARTIR AQUÍ...

LO QUE MÁS TE GUSTÓ E INSPIRÓ:

TU REFLEXIÓN:

MÓNICA
BELTRÁN PÉREZ

10 de Mayo

Lee:

"La edad madura es aquella en la que todavía se es joven, pero con mucho más esfuerzo."

JEAN-LOUIS BARRAULT

Escucha:

Mira:

PUEDES COMPARTIR AQUÍ...

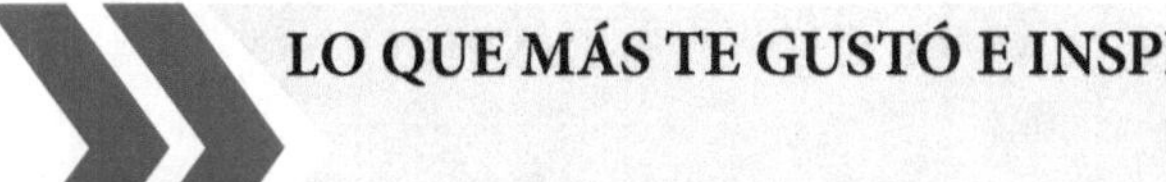

TU REFLEXIÓN:

11 de Mayo

Lee:

"Siempre hay un tiempo para marchar aunque no haya sitio a donde ir."

TENNESSEE WILLIAMS

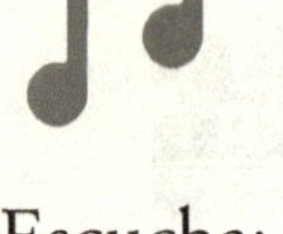

Escucha:

Mira:

PUEDES COMPARTIR AQUÍ...

LO QUE MÁS TE GUSTÓ E INSPIRÓ:

TU REFLEXIÓN:

12 de Mayo

Lee:

"Sanar es una cuestión de tiempo pero a veces también es una cuestión de oportunidades."

HIPÓCRATES

Escucha:

Mira:

PUEDES COMPARTIR AQUÍ...

LO QUE MÁS TE GUSTÓ E INSPIRÓ:

TU REFLEXIÓN:

13 de Mayo

Lee:

"El tiempo es a la vez el más valioso y el más perecedero de nuestros recursos."

John Randolph

 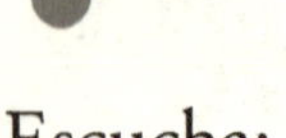 

Escucha:

Mira:

PUEDES COMPARTIR AQUÍ...

LO QUE MÁS TE GUSTÓ E INSPIRÓ:

TU REFLEXIÓN:

14 de Mayo

Lee:

"Hasta que no te valores a ti mismo no valorarás tu tiempo. Y hasta que no valores tu tiempo no harás nada con él."

M. Scott Peck

Escucha:

Mira:

PUEDES COMPARTIR AQUÍ...

 **LO QUE MÁS TE GUSTÓ E INSPIRÓ:**

 **TU REFLEXIÓN:**

MÓNICA
BELTRÁN PÉREZ

15 de Mayo

Lee:

"El tiempo corre y silenciosamente envejecemos, mientras los días huyen sin que ningún freno los detenga."

OVIDIO

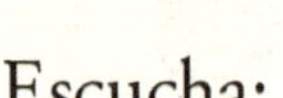

Escucha:

Mira:

PUEDES COMPARTIR AQUÍ...

LO QUE MÁS TE GUSTÓ E INSPIRÓ:

TU REFLEXIÓN:

MÓNICA
BELTRÁN PÉREZ

16 de Mayo

Lee:

"Planificar el tiempo es una de las mejores habilidades que puedes aprender."

SARA GRAND

Escucha:

Mira:

PUEDES COMPARTIR AQUÍ...

LO QUE MÁS TE GUSTÓ E INSPIRÓ:

TU REFLEXIÓN:

17 de Mayo

Lee:

"La juventud no es un tiempo de la vida, es un estado del espíritu."

MATEO ALEMÁN

Escucha:

Mira:

PUEDES COMPARTIR AQUÍ...

>> LO QUE MÁS TE GUSTÓ E INSPIRÓ:

TU REFLEXIÓN:

18 de Mayo

Lee:

"Qué vivas tanto tiempo como deseas y ames tanto tiempo como vivas."

ROBERT A. HEINLEIN

Escucha:

Mira:

PUEDES COMPARTIR AQUÍ...

LO QUE MÁS TE GUSTÓ E INSPIRÓ:

TU REFLEXIÓN:

MÓNICA
BELTRÁN PÉREZ

19 de Mayo

Lee:

> "Si no tienes el tiempo para leer, no tienes el tiempo o las herramientas para escribir."
>
> STEPHEN KING

Escucha:

Mira:

PUEDES COMPARTIR AQUÍ...

LO QUE MÁS TE GUSTÓ E INSPIRÓ:

TU REFLEXIÓN:

20 de Mayo

Lee:

"El tiempo lo madura todo; nadie nace sabio."

MIGUEL DE CERVANTES

Escucha:

Mira:

PUEDES COMPARTIR AQUÍ...

LO QUE MÁS TE GUSTÓ E INSPIRÓ:

TU REFLEXIÓN:

21 de Mayo

Lee:

"El tiempo es nuestro mejor amigo y el que mejor que nadie nos enseña la sabiduría del silencio."

AMOS ALCOTT

Escucha: Mira:

PUEDES COMPARTIR AQUÍ...

 LO QUE MÁS TE GUSTÓ E INSPIRÓ:

 TU REFLEXIÓN:

22 de Mayo

Lee:

"Si quieres vivir alegremente, no te preocupes por el pasado."

GOETHE

Escucha: Mira:

PUEDES COMPARTIR AQUÍ...

LO QUE MÁS TE GUSTÓ E INSPIRÓ:

TU REFLEXIÓN:

23 de Mayo

Lee:

"El futuro no es un regalo, es una conquista".

ROBERT KENNEDY

Escucha:

Mira:

PUEDES COMPARTIR AQUÍ...

LO QUE MÁS TE GUSTÓ E INSPIRÓ:

TU REFLEXIÓN:

24 de Mayo

Lee:

"El tiempo amortigua las pesadumbres y las desavenencias, porque en él cambiamos y nos convertimos en cierto modo en otras personas".

BLAISE PASCAL

Escucha:

Mira:

PUEDES COMPARTIR AQUÍ...

LO QUE MÁS TE GUSTÓ E INSPIRÓ:

TU REFLEXIÓN:

25 de Mayo

Lee:

"El tiempo es el mejor autor; siempre encuentra un final perfecto".

CHARLIE CHAPLIN

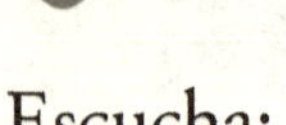

Escucha:

Mira:

PUEDES COMPARTIR AQUÍ...

LO QUE MÁS TE GUSTÓ E INSPIRÓ:

TU REFLEXIÓN:

26 de Mayo

Lee:

El futuro es algo que cada cual alcanza a un ritmo de sesenta minutos por hora, haga lo que haga y sea quien sea.

CLIVE STAPLES LEWIS.

Escucha:

Mira:

PUEDES COMPARTIR AQUÍ...

LO QUE MÁS TE GUSTÓ E INSPIRÓ:

TU REFLEXIÓN:

MÓNICA
BELTRÁN PÉREZ

27 de Mayo

Lee:

"Me siento culpable si me quedo sentado cuando sé que podría estar haciendo algo".

MICHAEL JACKSON

Escucha:

Mira:

PUEDES COMPARTIR AQUÍ...

LO QUE MÁS TE GUSTÓ E INSPIRÓ:

TU REFLEXIÓN:

28 de Mayo

Lee:

"Confía en el tiempo, que suele dar dulces salidas a muchas amargas dificultades".

MIGUEL DE CERVANTES.

  Escucha:

  Mira:

PUEDES COMPARTIR AQUÍ...

 LO QUE MÁS TE GUSTÓ E INSPIRÓ:

 TU REFLEXIÓN:

29 de Mayo

Lee:

"El pasado nos limita, pero el futuro nos atemoriza, el único lugar seguro es el presente".

ISAAC LÓPEZ.

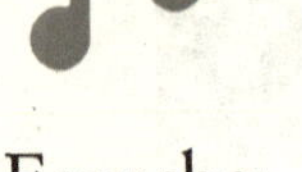

Escucha:

Mira:

PUEDES COMPARTIR AQUÍ...

LO QUE MÁS TE GUSTÓ E INSPIRÓ:

TU REFLEXIÓN:

30 de Mayo

Lee:

"Utilicemos el tiempo como herramienta, no como vehículo".

JOHN F. KENNEDY

 Escucha:     Mira: 

PUEDES COMPARTIR AQUÍ...

31 de Mayo

Lee:

"Vivimos en una época en la que no nos podemos dar el lujo de hacer una sola cosa a la vez".

ARTURO LEÓN LÓPEZ

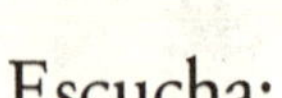

Escucha:

Mira:

PUEDES COMPARTIR AQUÍ...

LO QUE MÁS TE GUSTÓ E INSPIRÓ:

TU REFLEXIÓN:

JUNIO

1 de Junio

Lee:

“No hagas a los otros lo que no te gustaría que te hicieran a ti”.

CONFUCIO

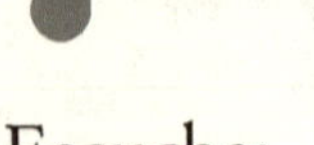

Escucha:

Mira:

LO QUE MÁS TE GUSTÓ E INSPIRÓ:

TU REFLEXIÓN:

2 de Junio

Lee:

"Haz lo que amas, ama todo lo que hagas"

Escucha: Mira:

PUEDES COMPARTIR AQUÍ...

LO QUE MÁS TE GUSTÓ E INSPIRÓ:

TU REFLEXIÓN:

3 de Junio

Lee:

"No eres lo que logras, eres lo que superas".

Escucha: Mira:

PUEDES COMPARTIR AQUÍ...

LO QUE MÁS TE GUSTÓ E INSPIRÓ:

TU REFLEXIÓN:

4 de Junio

Lee:

"Coge el día presente y fíate lo menos posible del mañana".

HORACIO

Escucha:

Mira:

PUEDES COMPARTIR AQUÍ...

LO QUE MÁS TE GUSTÓ E INSPIRÓ:

TU REFLEXIÓN:

5 de Junio

Lee:

"El futuro no es un regalo, es una conquista".

ROBERT KENNEDY

Escucha: Mira:

PUEDES COMPARTIR AQUÍ...

LO QUE MÁS TE GUSTÓ E INSPIRÓ:

TU REFLEXIÓN:

6 de Junio

Lee:

"El tiempo amortigua las pesadumbres y las desavenencias, porque en él cambiamos y nos convertimos en cierto modo en otras personas".

BLAISE PASCAL

Escucha:

Mira:

PUEDES COMPARTIR AQUÍ...

LO QUE MÁS TE GUSTÓ E INSPIRÓ:

 TU REFLEXIÓN:

7 de Junio

Lee:

"El tiempo es el mejor autor; siempre encuentra un final perfecto".

CHARLIE CHAPLIN

Escucha:

Mira:

PUEDES COMPARTIR AQUÍ...

LO QUE MÁS TE GUSTÓ E INSPIRÓ:

TU REFLEXIÓN:

8 de Junio

Lee:

"El tiempo es muy lento para los que esperan, muy rápido para los que temen, muy largo para los que sufren, muy corto para los que gozan; pero para quienes aman, el tiempo es eternidad".

WILLIAM SHAKESPEARE

  Escucha:

  Mira:

PUEDES COMPARTIR AQUÍ...

 LO QUE MÁS TE GUSTÓ E INSPIRÓ:

 TU REFLEXIÓN:

9 de Junio

Lee:

"Escoger el momento es ahorrar tiempo".

FRANCIS BACON

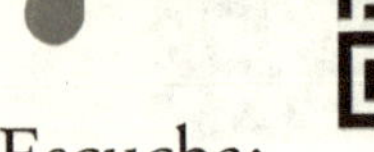

Escucha:

Mira:

PUEDES COMPARTIR AQUÍ...

LO QUE MÁS TE GUSTÓ E INSPIRÓ:

TU REFLEXIÓN:

10 de Junio

Lee:

"Hay quienes estropean relojes para matar el tiempo".
WOODY ALLEN

Escucha:

Mira:

PUEDES COMPARTIR AQUÍ...

LO QUE MÁS TE GUSTÓ E INSPIRÓ:

TU REFLEXIÓN:

11 de Junio

Lee:

"Hoy es el primer día del resto de tu vida".

Anónimo

 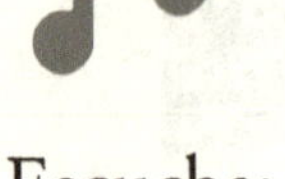 

Escucha:

Mira:

PUEDES COMPARTIR AQUÍ...

LO QUE MÁS TE GUSTÓ E INSPIRÓ:

TU REFLEXIÓN:

12 de Junio

Lee:

"Los hombres superficiales tratan de llenar su tiempo, los sensatos lo utilizan".

ARTHUR SCHOPENHAUER

Escucha:

Mira:

PUEDES COMPARTIR AQUÍ...

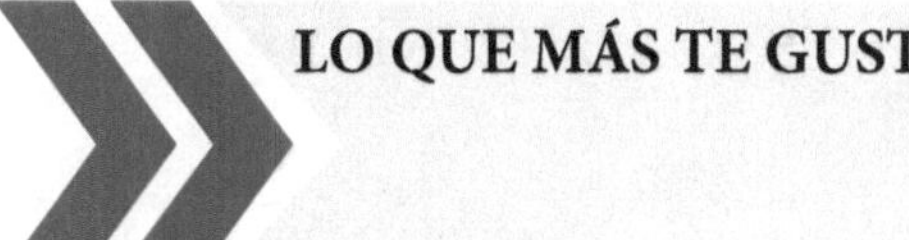

LO QUE MÁS TE GUSTÓ E INSPIRÓ:

TU REFLEXIÓN:

13 de Junio

Lee:

"Los que utilizan mal su tiempo son los primeros en quejarse de su brevedad".

JEAN DE LA BRUYÈRE

 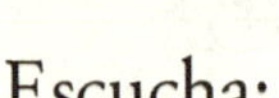     

Escucha: Mira:

PUEDES COMPARTIR AQUÍ...

LO QUE MÁS TE GUSTÓ E INSPIRÓ:

TU REFLEXIÓN:

14 de Junio

Lee:

"No es que tengamos poco tiempo, sino que perdemos mucho".

SÉNECA

Escucha:

Mira:

PUEDES COMPARTIR AQUÍ...

LO QUE MÁS TE GUSTÓ E INSPIRÓ:

TU REFLEXIÓN:

15 de Junio

Lee:

"Tan a destiempo llega el que va demasiado deprisa como el que se retrasa demasiado".

WILLIAM SHAKESPEARE

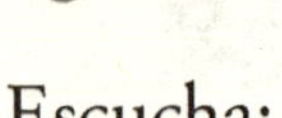

Escucha:

Mira:

PUEDES COMPARTIR AQUÍ...

LO QUE MÁS TE GUSTÓ E INSPIRÓ:

TU REFLEXIÓN:

16 de Junio

Lee:

"Un minuto que pasa es irrecuperable. Conociendo esto, ¿cómo podemos malgastar tantas horas? La verdad nunca daña una causa que es justa".

MAHATMA GANDHI

Escucha:

Mira:

PUEDES COMPARTIR AQUÍ...

LO QUE MÁS TE GUSTÓ E INSPIRÓ:

TU REFLEXIÓN:

17 de Junio

Lee:

"Utilicemos el tiempo como herramienta, no como vehículo".

John F. Kennedy

 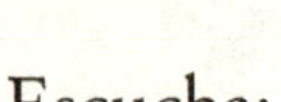 

Escucha:

Mira:

PUEDES COMPARTIR AQUÍ...

LO QUE MÁS TE GUSTÓ E INSPIRÓ:

TU REFLEXIÓN:

MÓNICA
BELTRÁN PÉREZ

18 de Junio

Lee:

"Ayer es el pasado, mañana es el futuro, pero hoy es un regalo. Por eso se llama el presente".

BIL KEANE.

Escucha:

Mira:

PUEDES COMPARTIR AQUÍ...

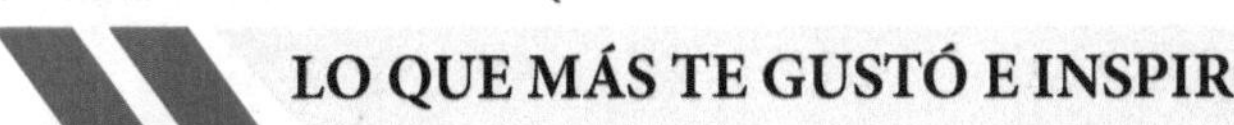

LO QUE MÁS TE GUSTÓ E INSPIRÓ:

TU REFLEXIÓN:

19 de Junio

Lee:

"¿Amas la vida? Entonces no malgastes el tiempo, porque ese es el material de que está hecha la vida".

BENJAMÍN FRANKLIN.

Escucha: Mira:

PUEDES COMPARTIR AQUÍ...

 **LO QUE MÁS TE GUSTÓ E INSPIRÓ:**

 **TU REFLEXIÓN:**

MÓNICA
BELTRÁN PÉREZ

20 de Junio

Lee:

"El primer síntoma de que estamos matando nuestros sueños es la falta de tiempo".

PAULO COELHO

Escucha:

Mira:

PUEDES COMPARTIR AQUÍ...

LO QUE MÁS TE GUSTÓ E INSPIRÓ:

TU REFLEXIÓN:

MÓNICA
BELTRÁN PÉREZ

21 de Junio

Lee:

"El amor es el espacio y el tiempo medido por el corazón"

Marcel Proust

Escucha:

Mira:

PUEDES COMPARTIR AQUÍ...

LO QUE MÁS TE GUSTÓ E INSPIRÓ:

TU REFLEXIÓN:

22 de Junio

Lee:

"Reflexiona sobre tus bendiciones presentes, de las cuales posees muchas; no sobre tus penas pasadas de las cuales, todos tienen algunas".

CHARLES DICKENS.

 Escucha: 

 Mira: 

PUEDES COMPARTIR AQUÍ...

LO QUE MÁS TE GUSTÓ E INSPIRÓ:

TU REFLEXIÓN:

MÓNICA
BELTRÁN PÉREZ

23 de Junio

Lee:

"El secreto de la existencia humana no solo está en vivir, sino también en saber para qué se vive".

Fiódor Dostoioevski

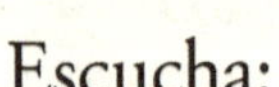

Escucha:

Mira:

PUEDES COMPARTIR AQUÍ...

LO QUE MÁS TE GUSTÓ E INSPIRÓ:

TU REFLEXIÓN:

24 de Junio

Lee:

"La vida es como una bicicleta. Para mantener el equilibrio tienes que seguir adelante".

ALBERT EINSTEIN

Escucha:

Mira:

PUEDES COMPARTIR AQUÍ...

LO QUE MÁS TE GUSTÓ E INSPIRÓ:

TU REFLEXIÓN:

25 de Junio

Lee:

"Si tú crees que puedes, puedes. Si tú crees que no puedes, no puedes. Tanto si piensas una cosa como la otra, estás en lo cierto".

HENRY FORD

    Escucha:

    Mira:

PUEDES COMPARTIR AQUÍ...

LO QUE MÁS TE GUSTÓ E INSPIRÓ:

TU REFLEXIÓN:

26 de Junio

Lee:

"No conozco la llave del éxito, pero la llave del fracaso es tratar de agradar a todo el mundo."

BILL COSBY

 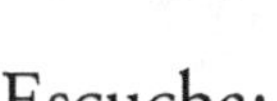 

Escucha:

Mira:

PUEDES COMPARTIR AQUÍ...

LO QUE MÁS TE GUSTÓ E INSPIRÓ:

TU REFLEXIÓN:

27 de Junio

Lee:

"Para ser feliz hay que vivir en guerra con las propias pasiones y en paz con las de los demás".

SÉNECA

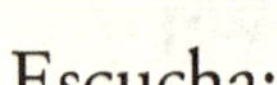

Escucha:

Mira:

PUEDES COMPARTIR AQUÍ...

LO QUE MÁS TE GUSTÓ E INSPIRÓ:

TU REFLEXIÓN:

MÓNICA
BELTRÁN PÉREZ

28 de Junio

Lee:

"Cuando dices que es difícil, significa que no eres lo suficientemente fuerte como para luchar por ello".

Anónimo

Escucha: Mira:

PUEDES COMPARTIR AQUÍ...

 **LO QUE MÁS TE GUSTÓ E INSPIRÓ:**

 **TU REFLEXIÓN:**

29 de Junio

Lee:

"Aprender sin reflexionar es malgastar energía".

CONFUCIO

Escucha: Mira:

PUEDES COMPARTIR AQUÍ...

 LO QUE MÁS TE GUSTÓ E INSPIRÓ:

 **TU REFLEXIÓN:**

30 de Junio

Lee:

"Nada nos engaña tanto como nuestro propio juicio".

LEONARDO DA VINCI

Escucha: Mira:

PUEDES COMPARTIR AQUÍ...

LO QUE MÁS TE GUSTÓ E INSPIRÓ:

TU REFLEXIÓN:

JULIO

MÓNICA
BELTRÁN PÉREZ

1 de Julio

Lee:

"Tener grandes expectativas es la clave de todo".

SAM WALTON

Escucha:

Mira:

PUEDES COMPARTIR AQUÍ...

LO QUE MÁS TE GUSTÓ E INSPIRÓ:

TU REFLEXIÓN:

2 de Julio

Lee:

"La mejor manera de empezar es dejar de hablar y ponerte con ello".

WALT DISNEY

Escucha:

Mira:

PUEDES COMPARTIR AQUÍ...

LO QUE MÁS TE GUSTÓ E INSPIRÓ:

TU REFLEXIÓN:

3 de Julio

Lee:

"El mayor riesgo es no correr ningún riesgo".
MARK ZUCKERBERG.

Escucha:

Mira:

PUEDES COMPARTIR AQUÍ...

LO QUE MÁS TE GUSTÓ E INSPIRÓ:

TU REFLEXIÓN:

4 de Julio

Lee:

"Las dudas matan más sueños que el fracaso".

KARIM SEDDIKI

Escucha: Mira:

PUEDES COMPARTIR AQUÍ...

> **LO QUE MÁS TE GUSTÓ E INSPIRÓ:**

TU REFLEXIÓN:

5 de Julio

Lee:

"No termines cuando estés cansado. Termina cuando esté terminado. Para triunfar tenemos que arriesgar".

MARK ZUCKEBERG

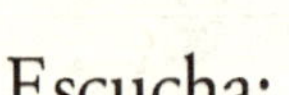

Escucha:

Mira:

PUEDES COMPARTIR AQUÍ...

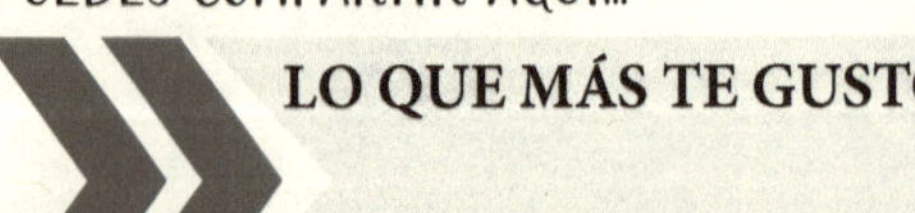

TU REFLEXIÓN:

6 de Julio

Lee:

"Nunca te rindas. Hoy es duro, mañana será peor, pero pasado brillará el sol".

JACK MA

Escucha:

Mira:

LO QUE MÁS TE GUSTÓ E INSPIRÓ:

TU REFLEXIÓN:

7 de Julio

Lee:

"Debemos elegir entre lo que es correcto y lo que es sencillo".

J.K. ROWLING.

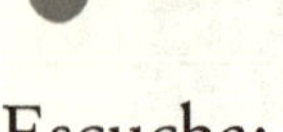

Escucha:

Mira:

LO QUE MÁS TE GUSTÓ E INSPIRÓ:

TU REFLEXIÓN:

8 de Julio

Lee:

"El éxito consiste ir de fracaso en fracaso sin perder el entusiasmo".

WISTON CHURCHILL.

Escucha:

Mira:

PUEDES COMPARTIR AQUÍ...

LO QUE MÁS TE GUSTÓ E INSPIRÓ:

TU REFLEXIÓN:

MÓNICA
BELTRÁN PÉREZ

9 de Julio

Lee:

"Trabaja duro en silencio, que el éxito sea tu ruido"
FRANK OCEAN

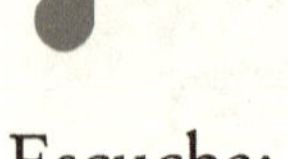

Escucha:

Mira:

PUEDES COMPARTIR AQUÍ...

LO QUE MÁS TE GUSTÓ E INSPIRÓ:

TU REFLEXIÓN:

10 de Julio

Lee:

"Cuando una puerta se cierra, aunque no lo veas, otras se abre".

Bob Marley

Escucha:

Mira:

PUEDES COMPARTIR AQUÍ...

LO QUE MÁS TE GUSTÓ E INSPIRÓ:

TU REFLEXIÓN:

11 de Julio

Lee:

"Se puede tener todo en la vida, pero no todo al mismo tiempo".

OPRAH WINFREY

Escucha:

Mira:

PUEDES COMPARTIR AQUÍ...

LO QUE MÁS TE GUSTÓ E INSPIRÓ:

TU REFLEXIÓN:

12 de Julio

Lee:

"El coste de estar equivocado es peor que el de no hacer nada".

SETH GODIN

Escucha:

Mira:

PUEDES COMPARTIR AQUÍ...

LO QUE MÁS TE GUSTÓ E INSPIRÓ:

TU REFLEXIÓN:

13 de Julio

Lee:

"Comienza donde estas, usa lo que tienes, haz lo que puedes".

ARTHUR ASHE

Escucha:

Mira:

PUEDES COMPARTIR AQUÍ...

LO QUE MÁS TE GUSTÓ E INSPIRÓ:

TU REFLEXIÓN:

14 de Julio

Lee:

"No soy producto de mis circunstancias. Soy producto de mis decisiones".

Stephen Covey

Escucha:

Mira:

PUEDES COMPARTIR AQUÍ...

LO QUE MÁS TE GUSTÓ E INSPIRÓ:

TU REFLEXIÓN:

15 de Julio

Lee:

"Lo que no se empieza nunca tendrá un final".
JOHANN WOLFGANG VON GOETHE.

Escucha:

Mira:

PUEDES COMPARTIR AQUÍ...

LO QUE MÁS TE GUSTÓ E INSPIRÓ:

 TU REFLEXIÓN:

16 de Julio

Lee:

"Pierdes el 100% de las oportunidades que no coges".
WAYNE GRETZKY.

Escucha:

Mira:

PUEDES COMPARTIR AQUÍ...

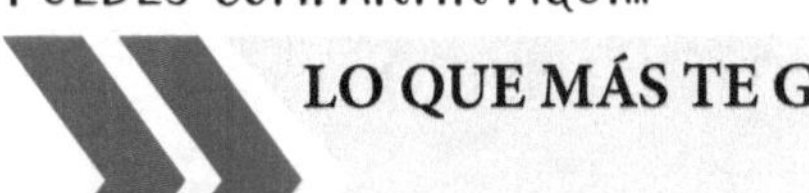

LO QUE MÁS TE GUSTÓ E INSPIRÓ:

TU REFLEXIÓN:

17 de Julio

Lee:

"La indecisión es el ladrón de la oportunidad".

JIM ROHN

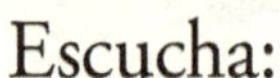   

Escucha: Mira:

PUEDES COMPARTIR AQUÍ...

 **LO QUE MÁS TE GUSTÓ E INSPIRÓ:**

 **TU REFLEXIÓN:**

18 de Julio

Lee:

"No tener tiempo es una excusa para no comprometerse".
M.J De Marco

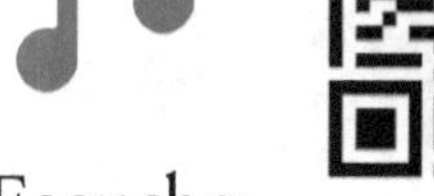

Escucha:

Mira:

PUEDES COMPARTIR AQUÍ...

LO QUE MÁS TE GUSTÓ E INSPIRÓ:

TU REFLEXIÓN:

19 de Julio

Lee:

"No se trata de si te derriban, se trata de si te levantas".
VINCE LOMBARDI

  Escucha:

  Mira:

PUEDES COMPARTIR AQUÍ...

LO QUE MÁS TE GUSTÓ E INSPIRÓ:

 **TU REFLEXIÓN:**

20 de Julio

Lee:

"No cuentes los días, haz que los días cuenten".

Muhammad Ali

Escucha:

Mira:

PUEDES COMPARTIR AQUÍ...

LO QUE MÁS TE GUSTÓ E INSPIRÓ:

TU REFLEXIÓN:

21 de Julio

Lee:

"Convierte siempre una situación negativa en una positiva".

MICHAEL JORDAN

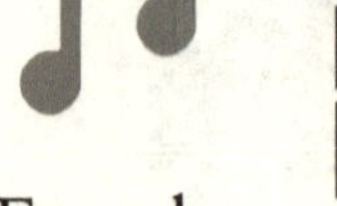

Escucha:

Mira:

PUEDES COMPARTIR AQUÍ...

LO QUE MÁS TE GUSTÓ E INSPIRÓ:

TU REFLEXIÓN:

22 de Julio

Lee:

"Dentro de 20 años estarás más decepcionado por las cosas que no hiciste que por las cosas que sí".

MARK TWAIN

Escucha:

Mira:

PUEDES COMPARTIR AQUÍ...

LO QUE MÁS TE GUSTÓ E INSPIRÓ:

TU REFLEXIÓN:

MÓNICA
BELTRÁN PÉREZ

23 de Julio

Lee:

"El placer en el trabajo lleva a la perfección de la obra".
ARISTÓTELES

Escucha:

Mira:

PUEDES COMPARTIR AQUÍ...

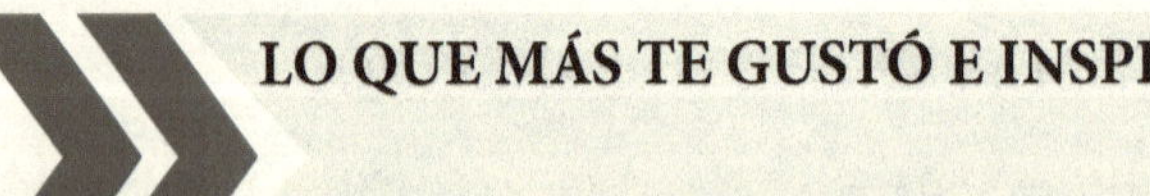
LO QUE MÁS TE GUSTÓ E INSPIRÓ:

TU REFLEXIÓN:

24 de Julio

Lee:

"Cómo comienzas tu día es cómo vives tu día. Cómo vives tu día es cómo vives tu vida".

LOUISE HAY

Escucha: Mira:

PUEDES COMPARTIR AQUÍ...

 LO QUE MÁS TE GUSTÓ E INSPIRÓ:

 TU REFLEXIÓN:

25 de Julio

Lee:

"El triunfo verdadero del hombre surge de las cenizas del error".

PABLO NERUDA

Escucha: Mira:

PUEDES COMPARTIR AQUÍ...

 LO QUE MÁS TE GUSTÓ E INSPIRÓ:

 **TU REFLEXIÓN:**

26 de Julio

Lee:

"El talento depende de la inspiración, pero el esfuerzo depende de cada uno".

PEP GUARDIOLA

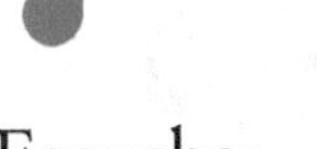

Escucha:

Mira:

PUEDES COMPARTIR AQUÍ...

LO QUE MÁS TE GUSTÓ E INSPIRÓ:

TU REFLEXIÓN:

27 de Julio

Lee:

"Emprender es tirarte por un acantilado y construir el avión durante la caída".

REID HOFFMAN

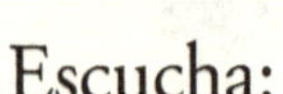

Escucha:

Mira:

PUEDES COMPARTIR AQUÍ...

LO QUE MÁS TE GUSTÓ E INSPIRÓ:

TU REFLEXIÓN:

MÓNICA
BELTRÁN PÉREZ

28 de Julio

Lee:

"Si no construyes tus sueños, alguien te va a contratar para que construyas los suyos".

TONY GASKINS

Escucha:

Mira:

PUEDES COMPARTIR AQUÍ...

LO QUE MÁS TE GUSTÓ E INSPIRÓ:

TU REFLEXIÓN:

29 de Julio

Lee:

"En cada momento de tu vida pregúntate, ¿estoy decidiendo desde el amor, o desde el miedo?".

SERGIO FERNÁNDEZ

Escucha: Mira:

PUEDES COMPARTIR AQUÍ...

LO QUE MÁS TE GUSTÓ E INSPIRÓ:

TU REFLEXIÓN:

MÓNICA
BELTRÁN PÉREZ

30 de Julio

Lee:

"La gente nunca seguirá tus consejos, pero si que podrán seguirte por tus ejemplos".

ANÓNIMO

Escucha:

Mira:

PUEDES COMPARTIR AQUÍ...

LO QUE MÁS TE GUSTÓ E INSPIRÓ:

TU REFLEXIÓN:

MÓNICA
BELTRÁN PÉREZ

31 de Julio

Lee:

"La tragedia no es no alcanzar tus objetivos, la tragedia es no tener objetivos que alcanzar".

BENJAMIN MAYS

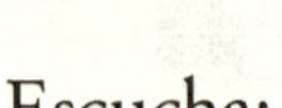

Escucha:

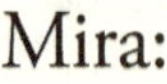

Mira:

PUEDES COMPARTIR AQUÍ...

LO QUE MÁS TE GUSTÓ E INSPIRÓ:

TU REFLEXIÓN:

AGOSTO

1 de Agosto

Lee:

"La diferencia entre lo posible y lo imposible está en la determinación de una persona".

TOMMY LASORDA

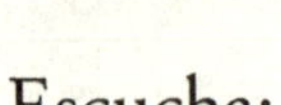

Escucha:

Mira:

PUEDES COMPARTIR AQUÍ...

LO QUE MÁS TE GUSTÓ E INSPIRÓ:

TU REFLEXIÓN:

2 de Agosto

Lee:

"No tienes que ser de los buenos para empezar, pero tienes que empezar para ser de los buenos".

ZIG ZIGLAR

Escucha:

Mira:

PUEDES COMPARTIR AQUÍ...

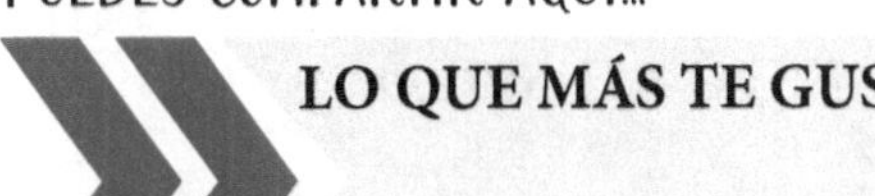

LO QUE MÁS TE GUSTÓ E INSPIRÓ:

TU REFLEXIÓN:

3 de Agosto

Lee:

"Pon el corazón, mente y el alma incluso en los actos más pequeños. Ese es el secreto del éxito".

SWAMI SIVANANDA.

Escucha: Mira:

PUEDES COMPARTIR AQUÍ...

LO QUE MÁS TE GUSTÓ E INSPIRÓ:

TU REFLEXIÓN:

MÓNICA
BELTRÁN PÉREZ

4 de Agosto

Lee:

"Si te ofrecen un asiento en un cohete no preguntes qué asiento. Solo súbete".

SHERYL SANDBERG

Escucha:

Mira:

PUEDES COMPARTIR AQUÍ...

LO QUE MÁS TE GUSTÓ E INSPIRÓ:

TU REFLEXIÓN:

5 de Agosto

Lee:

"Para conseguir algo que nunca has conseguido, tendrás que acometer actos que nunca has acometido".

PEDRO HERNÁNDEZ

 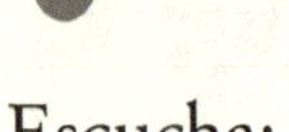 

Escucha:

Mira:

PUEDES COMPARTIR AQUÍ...

LO QUE MÁS TE GUSTÓ E INSPIRÓ:

TU REFLEXIÓN:

6 de Agosto

Lee:

"Todos nuestros sueños pueden hacerse realidad si tenemos el coraje de perseguirlos".

WALT DISNEY

Escucha:

Mira:

PUEDES COMPARTIR AQUÍ...

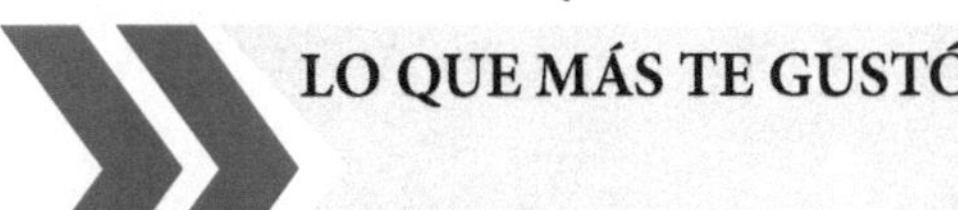

TU REFLEXIÓN:

7 de Agosto

Lee:

"El conocimiento tiene que ser mejorado, desafiado e incrementado constantemente, o se desvanece".

PETER DRUCKER

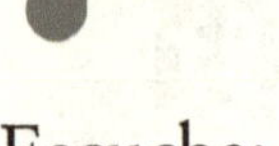

Escucha: Mira:

PUEDES COMPARTIR AQUÍ...

LO QUE MÁS TE GUSTÓ E INSPIRÓ:

TU REFLEXIÓN:

8 de Agosto

Lee:

"Si esperas a que llegue el momento perfecto, acabarás esperando toda tu vida. Es mejor que cojas lo que tienes y empieces ya".

GEORGE HERBERT

Escucha:

Mira:

PUEDES COMPARTIR AQUÍ...

LO QUE MÁS TE GUSTÓ E INSPIRÓ:

TU REFLEXIÓN:

9 de Agosto

Lee:

"Muchos de nosotros no estamos viviendo nuestros sueños porque tememos vivir nuestros miedos".

LES BROWN

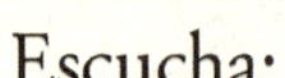

Escucha: Mira:

PUEDES COMPARTIR AQUÍ...

LO QUE MÁS TE GUSTÓ E INSPIRÓ:

TU REFLEXIÓN:

10 de Agosto

Lee:

"Amar no es mirarse el uno al otro; es mirar juntos en la misma dirección".

ANTOINE DE SAINT-EXUPERY

Escucha:

Mira:

PUEDES COMPARTIR AQUÍ...

LO QUE MÁS TE GUSTÓ E INSPIRÓ:

TU REFLEXIÓN:

11 de Agosto

Lee:

"No ser amado es una simple desventura. La verdadera desgracia es no saber amar".

ALBERT CAMUS

Escucha:

Mira:

PUEDES COMPARTIR AQUÍ...

>> LO QUE MÁS TE GUSTÓ E INSPIRÓ:

TU REFLEXIÓN:

12 de Agosto

Lee:

"El amor es lo único que crece cuando se reparte".
ANTOINE DE SAINT-EXUPERY.

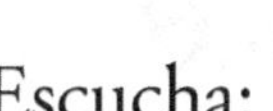

Escucha:

Mira:

PUEDES COMPARTIR AQUÍ...

LO QUE MÁS TE GUSTÓ E INSPIRÓ:

TU REFLEXIÓN:

13 de Agosto

Lee:

"Si no recuerdas la más ligera locura en que el amor te hizo caer, no has amado".

WILLIAM SHAKESPEARE

Escucha:

Mira:

PUEDES COMPARTIR AQUÍ...

LO QUE MÁS TE GUSTÓ E INSPIRÓ:

TU REFLEXIÓN:

14 de Agosto

Lee:

"El alma que hablar puede con los ojos, también puede besar con la mirada".

GUSTAVO ADOLFO BÉCQUER

Escucha:

Mira:

PUEDES COMPARTIR AQUÍ...

LO QUE MÁS TE GUSTÓ E INSPIRÓ:

TU REFLEXIÓN:

15 de Agosto

Lee:

"Suerte es lo que sucede cuando la preparación y la oportunidad se encuentran y fusionan".

Voltaire

Escucha: Mira:

PUEDES COMPARTIR AQUÍ...

LO QUE MÁS TE GUSTÓ E INSPIRÓ:

TU REFLEXIÓN:

MÓNICA
BELTRÁN PÉREZ

16 de Agosto

Lee:

"No podemos cambiar nada si no cambiamos nuestros pensamientos".

SANTOSH KALWAR

Escucha: Mira:

PUEDES COMPARTIR AQUÍ...

 **LO QUE MÁS TE GUSTÓ E INSPIRÓ:**

 **TU REFLEXIÓN:**

17 de Agosto

Lee:

"Nada se olvida más despacio que una ofensa; y nada, más rápido que un favor".

M. LUTHER KING

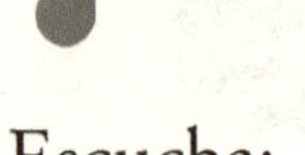

Escucha:

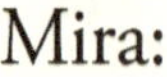

Mira:

PUEDES COMPARTIR AQUÍ...

LO QUE MÁS TE GUSTÓ E INSPIRÓ:

TU REFLEXIÓN:

18 de Agosto

Lee:

"Piensa antes de hablar. Lee antes de pensar".

FRANCES ANN LEBOWITZ.

Escucha:

Mira:

PUEDES COMPARTIR AQUÍ...

LO QUE MÁS TE GUSTÓ E INSPIRÓ:

TU REFLEXIÓN:

19 de Agosto

Lee:

"Nada nos engaña tanto como nuestro propio juicio".

LEONARDO DA VINCI.

Escucha:

Mira:

PUEDES COMPARTIR AQUÍ...

LO QUE MÁS TE GUSTÓ E INSPIRÓ:

TU REFLEXIÓN:

20 de Agosto

Lee:

"Si hubiese observado todas las reglas, nunca hubiese llegado a ninguna parte".

MARILYN MONROE

Escucha:

Mira:

PUEDES COMPARTIR AQUÍ...

LO QUE MÁS TE GUSTÓ E INSPIRÓ:

TU REFLEXIÓN:

21 de Agosto

Lee:

"La vida es realmente sencilla, pero insistimos en hacerla difícil".

CONFUCIO

Escucha:

Mira:

PUEDES COMPARTIR AQUÍ...

LO QUE MÁS TE GUSTÓ E INSPIRÓ:

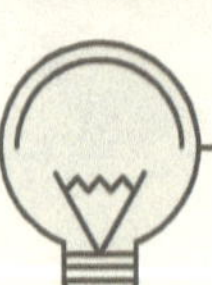

TU REFLEXIÓN:

MÓNICA
BELTRÁN PÉREZ

22 de Agosto

Lee:

"Alumbra el día de mañana con el de hoy".

ELIZABETH BARRETT BROWING

Escucha:

Mira:

PUEDES COMPARTIR AQUÍ...

LO QUE MÁS TE GUSTÓ E INSPIRÓ:

TU REFLEXIÓN:

23 de Agosto

Lee:

"La peor experiencia es la mejor maestra".

Kovo

Escucha:

Mira:

PUEDES COMPARTIR AQUÍ...

LO QUE MÁS TE GUSTÓ E INSPIRÓ:

TU REFLEXIÓN:

24 de Agosto

Lee:

"Para de pensar y termina tus problemas".

LAO TZU

Escucha:

Mira:

LO QUE MÁS TE GUSTÓ E INSPIRÓ:

TU REFLEXIÓN:

25 de Agosto

Lee:

"Una onza de lealtad vale más que una libra de inteligencia".

ELBERT HUBBARD

Escucha:

Mira:

26 de Agosto

Lee:

"No he fallado. Simplemente he encontrado 10000 formas que no funcionan".

THOMAS EDISON

Escucha:

Mira:

PUEDES COMPARTIR AQUÍ...

 LO QUE MÁS TE GUSTÓ E INSPIRÓ:

 TU REFLEXIÓN:

27 de Agosto

Lee:

"Lo bello vale tanto como lo útil".

VÍCTOR HUGO

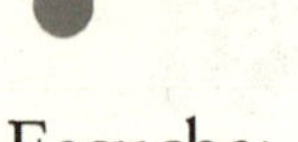

Escucha:　　　　　　　　　　　　Mira:

PUEDES COMPARTIR AQUÍ...

LO QUE MÁS TE GUSTÓ E INSPIRÓ:

TU REFLEXIÓN:

28 de Agosto

Lee:

"Si no te gusta algo, cámbialo. Si no lo puedes cambiar, cambia tu actitud".

MAYA ANGELOU.

Escucha:

Mira:

PUEDES COMPARTIR AQUÍ...

LO QUE MÁS TE GUSTÓ E INSPIRÓ:

TU REFLEXIÓN:

29 de Agosto

Lee:

"Muchas personas no gozan de las pequeñas alegrías, porque esperan la gran felicidad".

PEARL S. BUCK

 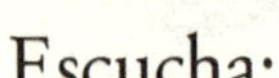 

Escucha:

Mira:

PUEDES COMPARTIR AQUÍ...

LO QUE MÁS TE GUSTÓ E INSPIRÓ:

TU REFLEXIÓN:

MÓNICA
BELTRÁN PÉREZ

30 de Agosto

Lee:

"La realidad no es lo que nos sucede, sino lo que hacemos con lo que nos sucede".

HUXLEY

Escucha:

Mira:

PUEDES COMPARTIR AQUÍ...

LO QUE MÁS TE GUSTÓ E INSPIRÓ:

TU REFLEXIÓN:

31 de Agosto

Lee:

"El bien que hicimos la víspera, es el que nos trae la felicidad por la mañana".

PROVERBIO HINDÚ

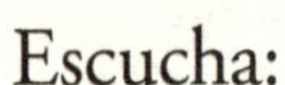

Escucha:

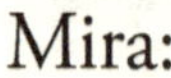

Mira:

PUEDES COMPARTIR AQUÍ...

LO QUE MÁS TE GUSTÓ E INSPIRÓ:

TU REFLEXIÓN:

SEPTIEMBRE

MÓNICA
BELTRÁN PÉREZ

1 de Septiembre

Lee:

"Puedes tener poco y ser rico".

BORIS KOVALÍK

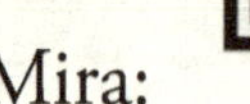

Escucha: Mira:

2 de Septiembre

Lee:

"La suerte es proporcional al sudor. Cuanto más sudas, más suerte tienes".

RAY KROC

Escucha:

Mira:

PUEDES COMPARTIR AQUÍ...

LO QUE MÁS TE GUSTÓ E INSPIRÓ:

TU REFLEXIÓN:

3 de Septiembre

Lee:

"No hay nada bueno o malo, el pensamiento lo hace así".

WILLIAM SHAKESPEARE

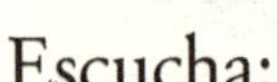

Escucha: Mira:

PUEDES COMPARTIR AQUÍ...

LO QUE MÁS TE GUSTÓ E INSPIRÓ:

TU REFLEXIÓN:

4 de Septiembre

Lee:

"Recuerda que eres tan bueno como lo mejor que hayas hecho en tu vida".

SAMUEL WILDER

Escucha: Mira:

PUEDES COMPARTIR AQUÍ...

LO QUE MÁS TE GUSTÓ E INSPIRÓ:

TU REFLEXIÓN:

5 de Septiembre

Lee:

"Sólo le falta el tiempo a quien no sabe aprovecharlo".

JOVELLANOS

Escucha: Mira:

PUEDES COMPARTIR AQUÍ...

LO QUE MÁS TE GUSTÓ E INSPIRÓ:

TU REFLEXIÓN:

6 de Septiembre

Lee:

"Si eres paciente en un momento de ira, escaparás a cien días de tristeza".

PROVERBIO CHINO

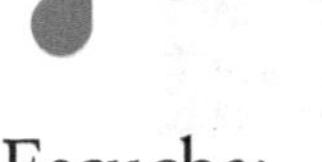

Escucha:

Mira:

LO QUE MÁS TE GUSTÓ E INSPIRÓ:

TU REFLEXIÓN:

7 de Septiembre

Lee:

"Cuando cambias el modo en que ves las cosas, las cosas que ves cambian también".

WAYNE DYER

Escucha:

Mira:

PUEDES COMPARTIR AQUÍ...

LO QUE MÁS TE GUSTÓ E INSPIRÓ:

TU REFLEXIÓN:

8 de Septiembre

Lee:

"Haz lo que amas, ama todo lo que hagas. Un hoy vale por dos mañanas".

BENJAMÍN FRANKLIN

Escucha:

Mira:

PUEDES COMPARTIR AQUÍ...

 **LO QUE MÁS TE GUSTÓ E INSPIRÓ:**

 **TU REFLEXIÓN:**

9 de Septiembre

Lee:

"La alegría cuanto más se gasta, más queda".

RELPH WALDO EMERSON

Escucha: Mira:

PUEDES COMPARTIR AQUÍ...

LO QUE MÁS TE GUSTÓ E INSPIRÓ:

TU REFLEXIÓN:

MÓNICA
BELTRÁN PÉREZ

10 de Septiembre

Lee:

"No hay camino para la verdad, la verdad es el camino".
MAHATMA GANDHI

Escucha:

Mira:

PUEDES COMPARTIR AQUÍ...

LO QUE MÁS TE GUSTÓ E INSPIRÓ:

TU REFLEXIÓN:

11 de Septiembre

Lee:

"Nuestra mayor gloria no está en no caer nunca, sino en levantarnos cada vez que caemos".

CONFUCIO

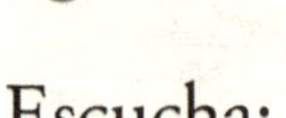

Escucha: Mira:

PUEDES COMPARTIR AQUÍ...

LO QUE MÁS TE GUSTÓ E INSPIRÓ:

TU REFLEXIÓN:

MÓNICA
BELTRÁN PÉREZ

12 de Septiembre

Lee:

"No paséis el tiempo soñando con el pasado y con el porvenir; estad listos para vivir el momento presente".

MAHOMA

Escucha:

Mira:

PUEDES COMPARTIR AQUÍ...

 LO QUE MÁS TE GUSTÓ E INSPIRÓ:

 TU REFLEXIÓN:

13 de Septiembre

Lee:

"En la vida algunas veces se gana, otras veces se aprende".

John Maxwell

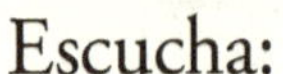

Escucha:

Mira:

PUEDES COMPARTIR AQUÍ...

 LO QUE MÁS TE GUSTÓ E INSPIRÓ:

 TU REFLEXIÓN:

14 de Septiembre

Lee:

"No midas tu riqueza por el dinero que tienes, mídela por aquellas cosas que tienes y que no cambiarías por dinero"

PAULO COELHO

Escucha:

Mira:

PUEDES COMPARTIR AQUÍ...

 **LO QUE MÁS TE GUSTÓ E INSPIRÓ:**

 **TU REFLEXIÓN:**

15 de Septiembre

Lee:

ANÓNIMO

Escucha:

Mira:

PUEDES COMPARTIR AQUÍ...

LO QUE MÁS TE GUSTÓ E INSPIRÓ:

TU REFLEXIÓN:

MÓNICA
BELTRÁN PÉREZ

16 de Septiembre

Lee:

"El que busca un amigo sin defectos se queda sin amigos"

PROVERBIO TURCO

Escucha:

Mira:

PUEDES COMPARTIR AQUÍ...

LO QUE MÁS TE GUSTÓ E INSPIRÓ:

TU REFLEXIÓN:

17 de Septiembre

Lee:

"Un hombre inteligente jamás se irritaría si tuviera delante siempre un espejo y se viera cuando discute"

Anónimo

Escucha:

Mira:

PUEDES COMPARTIR AQUÍ...

LO QUE MÁS TE GUSTÓ E INSPIRÓ:

TU REFLEXIÓN:

18 de Septiembre

Lee:

"No encuentres la falta, encuentra el remedio".

HENRY FORD

Escucha:

Mira:

PUEDES COMPARTIR AQUÍ...

LO QUE MÁS TE GUSTÓ E INSPIRÓ:

TU REFLEXIÓN:

19 de Septiembre

Lee:

"La sonrisa cuesta menos que la electricidad y da más luz "

PROVERBIO ESCOCÉS

Escucha:

Mira:

PUEDES COMPARTIR AQUÍ...

LO QUE MÁS TE GUSTÓ E INSPIRÓ:

TU REFLEXIÓN:

20 de Septiembre

Lee:

"Si quieres algo que nunca tuviste, debes hacer algo que nunca hiciste"

Anónimo

Escucha:

Mira:

PUEDES COMPARTIR AQUÍ...

LO QUE MÁS TE GUSTÓ E INSPIRÓ:

TU REFLEXIÓN:

21 de Septiembre

Lee:

"A veces sentimos que lo que hacemos es tan solo una gota en el mar, pero el mar sería mucho menos si le faltara una gota".

MADRE TERESA DE CALCUTA

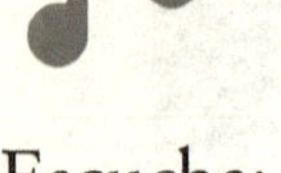

Escucha:

Mira:

PUEDES COMPARTIR AQUÍ...

LO QUE MÁS TE GUSTÓ E INSPIRÓ:

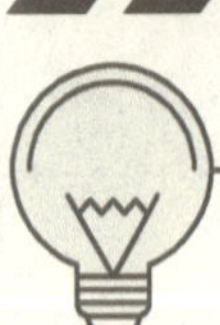
TU REFLEXIÓN:

22 de Septiembre

Lee:

"El pesimista se queja del viento; el optimista espera que cambie; el realista ajusta las velas".

WILLIAM GEORGE WARD

Escucha:

Mira:

PUEDES COMPARTIR AQUÍ...

LO QUE MÁS TE GUSTÓ E INSPIRÓ:

TU REFLEXIÓN:

23 de Septiembre

Lee:

"La ocasión hay que crearla, no esperar a que llegue".

Francis Bacon

Escucha:

Mira:

PUEDES COMPARTIR AQUÍ...

LO QUE MÁS TE GUSTÓ E INSPIRÓ:

TU REFLEXIÓN:

24 de Septiembre

Lee:

"Los sabios son los que buscan la sabiduría; los necios piensan haberla encontrado".

NAPOLEÓN

Escucha:

Mira:

PUEDES COMPARTIR AQUÍ...

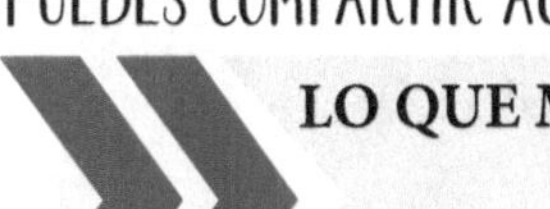

LO QUE MÁS TE GUSTÓ E INSPIRÓ:

TU REFLEXIÓN:

25 de Septiembre

Lee:

"No es pobre el que tiene poco, sino el que mucho desea".

SÉNECA

Escucha:

Mira:

PUEDES COMPARTIR AQUÍ...

LO QUE MÁS TE GUSTÓ E INSPIRÓ:

TU REFLEXIÓN:

26 de Septiembre

Lee:

"Cuando el sabio señala la luna, el tonto se fija en el dedo".

Anónimo

Escucha:

Mira:

PUEDES COMPARTIR AQUÍ...

LO QUE MÁS TE GUSTÓ E INSPIRÓ:

TU REFLEXIÓN:

27 de Septiembre

Lee:

"Un hombre que no se alimenta de sus sueños envejece pronto".

WILLIAM SHAKESPEARE

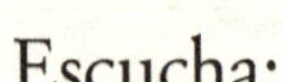

Escucha:

Mira:

PUEDES COMPARTIR AQUÍ...

LO QUE MÁS TE GUSTÓ E INSPIRÓ:

TU REFLEXIÓN:

28 de Septiembre

Lee:

"Un amigo es una persona con la que se puede pensar en voz alta".

RALPH WALDO EMERSON

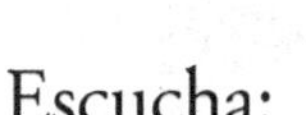

Escucha:

Mira:

PUEDES COMPARTIR AQUÍ...

LO QUE MÁS TE GUSTÓ E INSPIRÓ:

TU REFLEXIÓN:

29 de Septiembre

Lee:

"La reflexión es el camino hacia la inmortalidad; la falta de reflexión, el camino hacia la muerte".

BUDA

Escucha:

Mira:

PUEDES COMPARTIR AQUÍ...

LO QUE MÁS TE GUSTÓ E INSPIRÓ:

TU REFLEXIÓN:

30 de Septiembre

Lee:

"Se puede matar al soñador, pero no al sueño".

DAVID ABERNATHY

Escucha:

Mira:

PUEDES COMPARTIR AQUÍ...

LO QUE MÁS TE GUSTÓ E INSPIRÓ:

TU REFLEXIÓN:

OCTUBRE

MÓNICA
BELTRÁN PÉREZ

1 de Octubre

Lee:

"El dolor es inevitable pero el sufrimiento es opcional".

BUDA

Escucha:

Mira:

PUEDES COMPARTIR AQUÍ...

LO QUE MÁS TE GUSTÓ E INSPIRÓ:

TU REFLEXIÓN:

2 de Octubre

Lee:

"Educad a los niños, y no será necesario castigar a los hombres".

PITÁGORAS

Escucha:

Mira:

PUEDES COMPARTIR AQUÍ...

LO QUE MÁS TE GUSTÓ E INSPIRÓ:

TU REFLEXIÓN:

3 de Octubre

Lee:

"Quien tiene paciencia, obtendrá lo que desea".

BENJAMIN FRANKLIN

Escucha: Mira:

PUEDES COMPARTIR AQUÍ...

LO QUE MÁS TE GUSTÓ E INSPIRÓ:

TU REFLEXIÓN:

4 de Octubre

Lee:

"Las personas ofenden antes a los que aman que a los que temen".

MAQUIAVELO

  Escucha:

  Mira:

LO QUE MÁS TE GUSTÓ E INSPIRÓ:

 **TU REFLEXIÓN:**

5 de Octubre

Lee:

"Solamente aquel que construye el futuro tiene derecho a juzgar el pasado".

FRIEDRICH NIETZSCHE

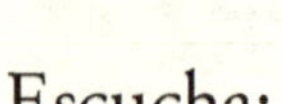

Escucha:

Mira:

PUEDES COMPARTIR AQUÍ...

LO QUE MÁS TE GUSTÓ E INSPIRÓ:

TU REFLEXIÓN:

6 de Octubre

Lee:

"Lo que sabemos es una gota de agua; lo que ignoramos es el océano".

ISAAC NEWTON

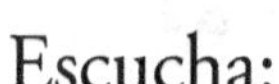

Escucha:

Mira:

PUEDES COMPARTIR AQUÍ...

LO QUE MÁS TE GUSTÓ E INSPIRÓ:

TU REFLEXIÓN:

7 de Octubre

Lee:

"Si quieres ser sabio, aprende a interrogar razonablemente, a escuchar con atención, a responder serenamente y a callar cuando no tengas nada que decir".

JOHANN KASPAR LAVATER

Escucha:

Mira:

PUEDES COMPARTIR AQUÍ...

LO QUE MÁS TE GUSTÓ E INSPIRÓ:

TU REFLEXIÓN:

MÓNICA
BELTRÁN PÉREZ

8 de Octubre

Lee:

"La amistad duplica las alegrías y divide las angustias por la mitad".

FRANCIS BACON

Escucha:

Mira:

PUEDES COMPARTIR AQUÍ...

LO QUE MÁS TE GUSTÓ E INSPIRÓ:

TU REFLEXIÓN:

9 de Octubre

Lee:

"El ignorante afirma, el sabio duda y reflexiona".

Aristóteles

Escucha:

Mira:

PUEDES COMPARTIR AQUÍ...

LO QUE MÁS TE GUSTÓ E INSPIRÓ:

TU REFLEXIÓN:

10 de Octubre

Lee:

"He cometido el peor pecado que uno puede cometer. No he sido feliz".

JORGE LUIS BORGES

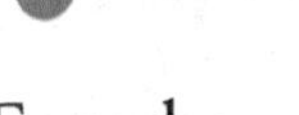

Escucha:

Mira:

PUEDES COMPARTIR AQUÍ...

LO QUE MÁS TE GUSTÓ E INSPIRÓ:

TU REFLEXIÓN:

11 de Octubre

Lee:

"La libertad está en ser dueños de nuestra propia vida".

PLATÓN

Escucha:

Mira:

PUEDES COMPARTIR AQUÍ...

LO QUE MÁS TE GUSTÓ E INSPIRÓ:

TU REFLEXIÓN:

12 de Octubre

Lee:

"Daría todo lo que sé, por la mitad de lo que ignoro".

RENÉ DESCARTES

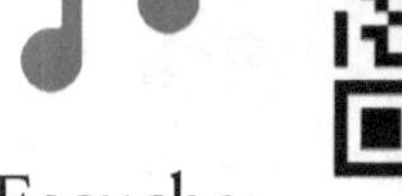

Escucha:

Mira:

PUEDES COMPARTIR AQUÍ...

LO QUE MÁS TE GUSTÓ E INSPIRÓ:

TU REFLEXIÓN:

13 de Octubre

Lee:

"La recompensa de una buena acción está en haberla hecho".

SÉNECA

Escucha:

Mira:

PUEDES COMPARTIR AQUÍ...

LO QUE MÁS TE GUSTÓ E INSPIRÓ:

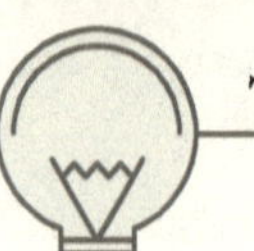

TU REFLEXIÓN:

MÓNICA
BELTRÁN PÉREZ

14 de Octubre

Lee:

"Saber y saberlo demostrar es valer dos veces".

BALTASAR GRACIÁN

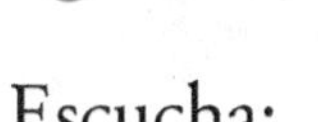

Escucha:

Mira:

PUEDES COMPARTIR AQUÍ...

LO QUE MÁS TE GUSTÓ E INSPIRÓ:

TU REFLEXIÓN:

MÓNICA
BELTRÁN PÉREZ

15 de Octubre

Lee:

"Al final, no os preguntarán qué habéis sabido, sino qué habéis hecho".

JEAN DE GERSON

Escucha:

Mira:

16 de Octubre

Lee:

"Saber que no se sabe, eso es humildad. Pensar que uno sabe lo que no sabe, eso es enfermedad".

LAO-TSÉ

Escucha:

Mira:

PUEDES COMPARTIR AQUÍ...

LO QUE MÁS TE GUSTÓ E INSPIRÓ:

TU REFLEXIÓN:

17 de Octubre

Lee:

"El hombre sabio no debe abstenerse de participar en el gobierno del Estado, pues es un delito renunciar a ser útil a los necesitados y un cobardía ceder el paso a los indignos".

EPICTETO DE FRIGIA

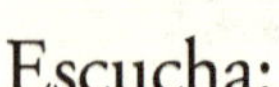

Escucha:

Mira:

PUEDES COMPARTIR AQUÍ...

LO QUE MÁS TE GUSTÓ E INSPIRÓ:

TU REFLEXIÓN:

18 de Octubre

Lee:

"Sacar provecho de un buen consejo exige más sabiduría que darlo".

JOHN CHURTON COLLINS

Escucha:

Mira:

PUEDES COMPARTIR AQUÍ...

LO QUE MÁS TE GUSTÓ E INSPIRÓ:

TU REFLEXIÓN:

19 de Octubre

Lee:

"Nuestra vida siempre expresa el resultado de nuestros pensamientos dominantes".

SØREN KIERKEGAARD

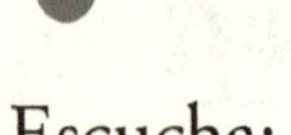

Escucha:

Mira:

PUEDES COMPARTIR AQUÍ...

LO QUE MÁS TE GUSTÓ E INSPIRÓ:

TU REFLEXIÓN:

20 de Octubre

Lee:

"Al final, no son los años en nuestra vida lo que cuenta, sino la vida en nuestros años".

ABRAHAM LINCOLN

Escucha:

Mira:

PUEDES COMPARTIR AQUÍ...

LO QUE MÁS TE GUSTÓ E INSPIRÓ:

TU REFLEXIÓN:

21 de Octubre

Lee:

"Las cosas que amamos nos dicen quiénes somos".

TOMÁS DE AQUINO

Escucha:

Mira:

PUEDES COMPARTIR AQUÍ...

LO QUE MÁS TE GUSTÓ E INSPIRÓ:

TU REFLEXIÓN:

MÓNICA
BELTRÁN PÉREZ

22 de Octubre

Lee:

"La vida es una tragedia cuando se ve en primer plano, pero en plano general pasa a ser una comedia".

CHARLIE CHAPLIN

Escucha:　　　　　　　　　　Mira:

PUEDES COMPARTIR AQUÍ...

LO QUE MÁS TE GUSTÓ E INSPIRÓ:

TU REFLEXIÓN:

23 de Octubre

Lee:

"Cada hombre es una criatura del tiempo en el que vive".

VOLTAIRE

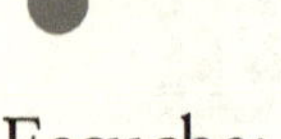

Escucha:

Mira:

PUEDES COMPARTIR AQUÍ...

LO QUE MÁS TE GUSTÓ E INSPIRÓ:

TU REFLEXIÓN:

MÓNICA
BELTRÁN PÉREZ

24 de Octubre

Lee:

"Somos lo que hacemos repetidamente".

ARISTÓTELES

  Escucha:

  Mira:

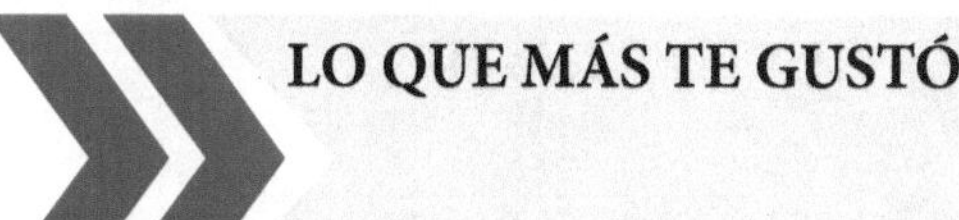

MÓNICA
BELTRÁN PÉREZ

25 de Octubre

Lee:

"El hombre es la única criatura que se niega a ser quien es".

ALBERT CAMUS

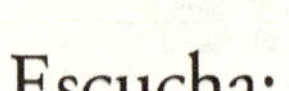

Escucha:

Mira:

26 de Octubre

Lee:

"El arte de ser sabio es el arte de saber lo que hay que pasar por alto".

WILLIAM JAMES

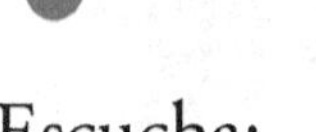

Escucha: Mira:

PUEDES COMPARTIR AQUÍ...

LO QUE MÁS TE GUSTÓ E INSPIRÓ:

TU REFLEXIÓN:

27 de Octubre

Lee:

"Siempre se admira aquello que en realidad no se entiende".

BLAISE PASCAL

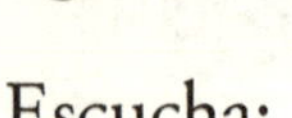

Escucha:

Mira:

PUEDES COMPARTIR AQUÍ...

LO QUE MÁS TE GUSTÓ E INSPIRÓ:

 **TU REFLEXIÓN:**

28 de Octubre

Lee:

"Lo que hoy está comprobado una vez solo pudo ser imaginado".

WILLIAM BLAKE

Escucha:

Mira:

PUEDES COMPARTIR AQUÍ...

LO QUE MÁS TE GUSTÓ E INSPIRÓ:

TU REFLEXIÓN:

MÓNICA
BELTRÁN PÉREZ

29 de Octubre

Lee:

"El conocimiento habla, pero la sabiduría escucha".

Jimi Hendrix

Escucha: Mira:

PUEDES COMPARTIR AQUÍ...

LO QUE MÁS TE GUSTÓ E INSPIRÓ:

TU REFLEXIÓN:

30 de Octubre

Lee:

"La honestidad es el primer capítulo del libro de la sabiduría".

THOMAS JEFFERSON

Escucha:

Mira:

PUEDES COMPARTIR AQUÍ...

 LO QUE MÁS TE GUSTÓ E INSPIRÓ:

 TU REFLEXIÓN:

31 de Octubre

Lee:

"Solo los educados son libres".

EPICTETO

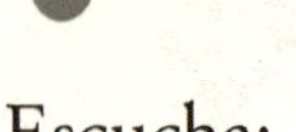

Escucha: Mira:

PUEDES COMPARTIR AQUÍ...

LO QUE MÁS TE GUSTÓ E INSPIRÓ:

TU REFLEXIÓN:

NOVIEMBRE

1 de Noviembre

Lee:

Todo conocimiento resulta hiriente, cada nueva pieza de conocimiento trastoca los cimientos de lo que creíamos que sabíamos."

CASSANDRA CLARE

Escucha:  

Mira:  

PUEDES COMPARTIR AQUÍ...

LO QUE MÁS TE GUSTÓ E INSPIRÓ:

 **TU REFLEXIÓN:**

2 de Noviembre

Lee:

"El tiempo es aquello que más queremos y también lo que peor utilizamos".

WILLIAM PENN

Escucha: Mira:

PUEDES COMPARTIR AQUÍ...

LO QUE MÁS TE GUSTÓ E INSPIRÓ:

TU REFLEXIÓN:

3 de Noviembre

Lee:

"No le tengas miedo a la perfección; nunca la vas a alcanzar".

SALVADOR DALÍ

Escucha:

Mira:

PUEDES COMPARTIR AQUÍ...

LO QUE MÁS TE GUSTÓ E INSPIRÓ:

TU REFLEXIÓN:

4 de Noviembre

Lee:

"Nunca somos tan vulnerables al sufrimiento como cuando amamos".

SIGMUND FREUD

Escucha:

Mira:

PUEDES COMPARTIR AQUÍ...

LO QUE MÁS TE GUSTÓ E INSPIRÓ:

TU REFLEXIÓN:

5 de Noviembre

Lee:

"La libertad nunca es dada; siempre es ganada".

Asa Philip Randolph

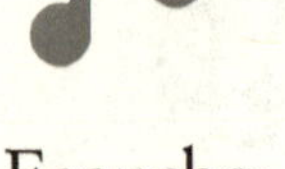

Escucha:

Mira:

PUEDES COMPARTIR AQUÍ...

>> LO QUE MÁS TE GUSTÓ E INSPIRÓ:

TU REFLEXIÓN:

6 de Noviembre

Lee:

"Cuando haces las paces con la autoridad, te conviertes en la autoridad".

JIM MORRISON

Escucha:

Mira:

PUEDES COMPARTIR AQUÍ...

LO QUE MÁS TE GUSTÓ E INSPIRÓ:

TU REFLEXIÓN:

7 de Noviembre

Lee:

"La violencia es el último refugio del incompetente".

ISAAC ASIMOV

Escucha:

Mira:

PUEDES COMPARTIR AQUÍ...

LO QUE MÁS TE GUSTÓ E INSPIRÓ:

TU REFLEXIÓN:

8 de Noviembre

Lee:

"Aquellos que no se mueven no notan sus cadenas".

ROSA LUXEMBURGO

  Escucha:

  Mira:

PUEDES COMPARTIR AQUÍ...

 **LO QUE MÁS TE GUSTÓ E INSPIRÓ:**

 **TU REFLEXIÓN:**

9 de Noviembre

Lee:

"El elemento más violento de la sociedad es la ignorancia".

EMMA GOLDMAN

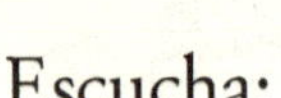

Escucha:

Mira:

PUEDES COMPARTIR AQUÍ...

LO QUE MÁS TE GUSTÓ E INSPIRÓ:

TU REFLEXIÓN:

10 de Noviembre

Lee:

"El odio es ganado tanto por las buenas acciones como por las malas".

MAQUIAVELO

Escucha:

Mira:

PUEDES COMPARTIR AQUÍ...

LO QUE MÁS TE GUSTÓ E INSPIRÓ:

TU REFLEXIÓN:

11 de Noviembre

Lee:

"Siempre parece imposible hasta que se hace ".

NELSON MANDELA

Escucha:

Mira:

PUEDES COMPARTIR AQUÍ...

LO QUE MÁS TE GUSTÓ E INSPIRÓ:

TU REFLEXIÓN:

12 de Noviembre

Lee:

"Los verdaderos amigos te apuñalan de frente".

OSCAR WILDE

Escucha:

Mira:

PUEDES COMPARTIR AQUÍ...

LO QUE MÁS TE GUSTÓ E INSPIRÓ:

TU REFLEXIÓN:

13 de Noviembre

Lee:

"Un ser humano es un ser que decide".

VIKTOR FRANKL

Escucha:

Mira:

PUEDES COMPARTIR AQUÍ...

 LO QUE MÁS TE GUSTÓ E INSPIRÓ:

 TU REFLEXIÓN:

14 de Noviembre

Lee:

"La salud no es valorada hasta que llega la enfermedad".
THOMAS FULLER

Escucha:

Mira:

PUEDES COMPARTIR AQUÍ...

LO QUE MÁS TE GUSTÓ E INSPIRÓ:

TU REFLEXIÓN:

15 de Noviembre

Lee:

"Las metáforas tienen una manera de contener la verdad en el mínimo espacio".

ORSON SCOTT CARD

Escucha:

Mira:

PUEDES COMPARTIR AQUÍ...

LO QUE MÁS TE GUSTÓ E INSPIRÓ:

TU REFLEXIÓN:

MÓNICA
BELTRÁN PÉREZ

16 de Noviembre

Lee:

"Resérvate el derecho a pensar, ya que pensar de mal modo es mejor que no pensar en absoluto".

HIPATIA

Escucha:

Mira:

PUEDES COMPARTIR AQUÍ...

LO QUE MÁS TE GUSTÓ E INSPIRÓ:

TU REFLEXIÓN:

17 de Noviembre

Lee:

"La soledad es independencia".

HERMAN HESSE

Escucha:

Mira:

PUEDES COMPARTIR AQUÍ...

LO QUE MÁS TE GUSTÓ E INSPIRÓ:

TU REFLEXIÓN:

18 de Noviembre

Lee:

"Las ideas de los hombres son las más directas emanaciones de su estado material".

KARL MARX

Escucha:

Mira:

PUEDES COMPARTIR AQUÍ...

LO QUE MÁS TE GUSTÓ E INSPIRÓ:

TU REFLEXIÓN:

MÓNICA
BELTRÁN PÉREZ

19 de Noviembre

Lee:

"El tiempo se lo lleva todo y todo lo da".

GIORDANO BRUNO

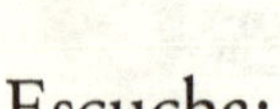

Escucha:

Mira:

PUEDES COMPARTIR AQUÍ...

LO QUE MÁS TE GUSTÓ E INSPIRÓ:

TU REFLEXIÓN:

MÓNICA
BELTRÁN PÉREZ

20 de Noviembre

Lee:

"No soy capaz de concebir la infinidad, pero no acepto lo finito".

SIMONE DE BEAUVOIR

Escucha:

Mira:

PUEDES COMPARTIR AQUÍ...

LO QUE MÁS TE GUSTÓ E INSPIRÓ:

TU REFLEXIÓN:

21 de Noviembre

Lee:

"Seamos realistas y hagamos lo imposible".

ERNESTO CHE GUEVARA

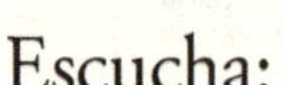

Escucha:

Mira:

PUEDES COMPARTIR AQUÍ...

LO QUE MÁS TE GUSTÓ E INSPIRÓ:

TU REFLEXIÓN:

22 de Noviembre

Lee:

"Los extremistas creen que "comunicación" significa estar de acuerdo con ellos".

LEO ROSTEN

Escucha:

Mira:

PUEDES COMPARTIR AQUÍ...

LO QUE MÁS TE GUSTÓ E INSPIRÓ:

 **TU REFLEXIÓN:**

23 de Noviembre

Lee:

"No hay pensamientos peligrosos; pensar es, en sí mismo, algo peligroso".

HANNAH ARENDT

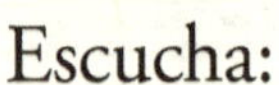

Escucha:

Mira:

PUEDES COMPARTIR AQUÍ...

LO QUE MÁS TE GUSTÓ E INSPIRÓ:

TU REFLEXIÓN:

24 de Noviembre

Lee:

"La palabra "felicidad" perdería su significado si no estuviese equilibrada por la tristeza".

CARL GUSTAV JUNG

Escucha:

Mira:

PUEDES COMPARTIR AQUÍ...

LO QUE MÁS TE GUSTÓ E INSPIRÓ:

TU REFLEXIÓN:

25 de Noviembre

Lee:

"Ningún hombre puede pensar claramente cuando sus puños están cerrados".

GEORGE JEAN NATHAN

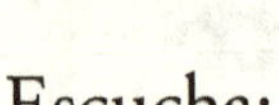

Escucha:

Mira:

PUEDES COMPARTIR AQUÍ...

LO QUE MÁS TE GUSTÓ E INSPIRÓ:

TU REFLEXIÓN:

26 de Noviembre

Lee:

"Un hombre que es un maestro en la paciencia es un maestro en todo lo demás".

GEORGE SAVILE

Escucha:

Mira:

PUEDES COMPARTIR AQUÍ...

LO QUE MÁS TE GUSTÓ E INSPIRÓ:

TU REFLEXIÓN:

27 de Noviembre

Lee:

"Alguien que no cree en los milagros no es realista".

David Ben-Gurión

Escucha:

Mira:

PUEDES COMPARTIR AQUÍ...

LO QUE MÁS TE GUSTÓ E INSPIRÓ:

TU REFLEXIÓN:

MÓNICA
BELTRÁN PÉREZ

28 de Noviembre

Lee:

"No hay una visión más triste que la de un joven pesimista".

MARK TWAIN

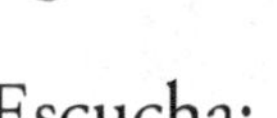

Escucha:

Mira:

PUEDES COMPARTIR AQUÍ...

LO QUE MÁS TE GUSTÓ E INSPIRÓ:

TU REFLEXIÓN:

29 de Noviembre

Lee:

"La esperanza es un buen desayuno, pero una mala cena".

FRANCIS BACON

 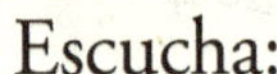

Escucha:

Mira:

PUEDES COMPARTIR AQUÍ...

>> LO QUE MÁS TE GUSTÓ E INSPIRÓ:

TU REFLEXIÓN:

MÓNICA
BELTRAN PÉREZ

30 de Noviembre

Lee:

"La educación es el movimiento de la oscuridad a la luz".

ALLAN BLOOM

Escucha:

Mira:

PUEDES COMPARTIR AQUÍ...

LO QUE MÁS TE GUSTÓ E INSPIRÓ:

 TU REFLEXIÓN:

DICIEMBRE

MÓNICA
BELTRÁN PÉREZ

1 de Diciembre

Lee:

"El riesgo de una mala decisión es preferible al terror de la indecisión".

MAIMÓNIDES

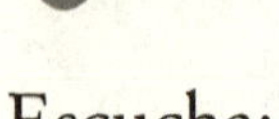

Escucha: Mira:

PUEDES COMPARTIR AQUÍ...

TU REFLEXIÓN:

MÓNICA
BELTRÁN PÉREZ

2 de Diciembre

Lee:

"Nada refuerza tanto la autoridad como el silencio".
LEONARDO DA VINCI

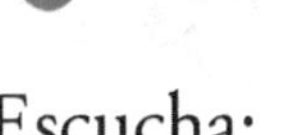

Escucha:

Mira:

3 de Diciembre

Lee:

"La creatividad requiere que la valentía se desprenda de las certezas".

ERICH FROMM

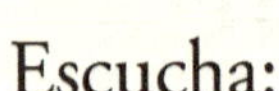

Escucha:

Mira:

PUEDES COMPARTIR AQUÍ...

LO QUE MÁS TE GUSTÓ E INSPIRÓ:

TU REFLEXIÓN:

4 de Diciembre

Lee:

"La mejor parte de la belleza es aquella que ninguna imagen puede expresar ".

FRANCIS BACON

Escucha:

Mira:

PUEDES COMPARTIR AQUÍ...

LO QUE MÁS TE GUSTÓ E INSPIRÓ:

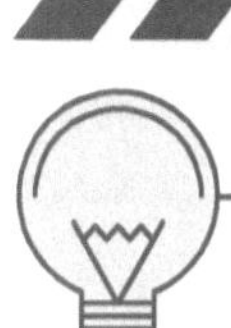

TU REFLEXIÓN:

5 de Diciembre

Lee:

"Aquellos que no conocen la historia están condenados a repetirla".

EDMUND BURKE

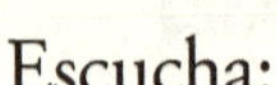

Escucha: Mira:

PUEDES COMPARTIR AQUÍ...

LO QUE MÁS TE GUSTÓ E INSPIRÓ:

TU REFLEXIÓN:

6 de Diciembre

Lee:

"Nada es tan increíble como para que la oratoria no lo pueda transformar en aceptable".

CICERÓN

Escucha:

Mira:

PUEDES COMPARTIR AQUÍ...

LO QUE MÁS TE GUSTÓ E INSPIRÓ:

TU REFLEXIÓN:

7 de Diciembre

Lee:

"De una pequeña chispa puede prender una llama".

Dante

Escucha:

Mira:

PUEDES COMPARTIR AQUÍ...

LO QUE MÁS TE GUSTÓ E INSPIRÓ:

TU REFLEXIÓN:

MÓNICA
BELTRÁN PÉREZ

8 de Diciembre

Lee:

"El liderazgo no depende de estar en lo cierto".

Iván Illich

Escucha: Mira:

PUEDES COMPARTIR AQUÍ...

LO QUE MÁS TE GUSTÓ E INSPIRÓ:

TU REFLEXIÓN:

9 de Diciembre

Lee:

"El entorno da forma a las acciones del individuo".

B. F. Skinner

Escucha:

Mira:

PUEDES COMPARTIR AQUÍ...

LO QUE MÁS TE GUSTÓ E INSPIRÓ:

TU REFLEXIÓN:

10 de Diciembre

Lee:

"La juventud es un reglo de la naturaleza, pero la edad es una obra de arte".

STANISLAW JERZY LEC

Escucha:

Mira:

PUEDES COMPARTIR AQUÍ...

LO QUE MÁS TE GUSTÓ E INSPIRÓ:

TU REFLEXIÓN:

11 de Diciembre

Lee:

"Nadie puede herirme sin mi permiso".

GANDHI

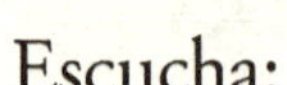

Escucha:

Mira:

PUEDES COMPARTIR AQUÍ...

LO QUE MÁS TE GUSTÓ E INSPIRÓ:

TU REFLEXIÓN:

12 de Diciembre

Lee:

"Si no puedes ser poeta, sé el poema".

DAVID CARRADINE

Escucha:

Mira:

PUEDES COMPARTIR AQUÍ...

LO QUE MÁS TE GUSTÓ E INSPIRÓ:

TU REFLEXIÓN:

13 de Diciembre

Lee:

"Nada tiene más fuerza que la extrema necesidad".

Eurípides

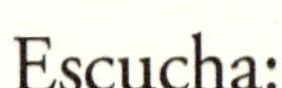

Escucha:

Mira:

PUEDES COMPARTIR AQUÍ...

LO QUE MÁS TE GUSTÓ E INSPIRÓ:

TU REFLEXIÓN:

MÓNICA
BELTRÁN PÉREZ

14 de Diciembre

Lee:

"Si hacemos el bien por interés, seremos astutos, pero nunca buenos".

CICERÓN

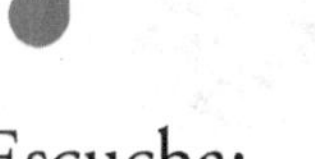

Escucha:

Mira:

PUEDES COMPARTIR AQUÍ...

LO QUE MÁS TE GUSTÓ E INSPIRÓ:

TU REFLEXIÓN:

15 de Diciembre

Lee:

"La soberbia no es grandeza sino hinchazón; y lo que está hinchado parece grande pero no está sano".

San Agustín

Escucha:

Mira:

PUEDES COMPARTIR AQUÍ...

LO QUE MÁS TE GUSTÓ E INSPIRÓ:

TU REFLEXIÓN:

MÓNICA
BELTRÁN PÉREZ

16 de Diciembre

Lee:

"Es mejor ser rey de tu silencio que esclavo de tus palabras".

WILLIAM SHAKESPEARE

Escucha:

Mira:

PUEDES COMPARTIR AQUÍ...

LO QUE MÁS TE GUSTÓ E INSPIRÓ:

TU REFLEXIÓN:

17 de Diciembre

Lee:

"La belleza es poder; una sonrisa es su espada".

CHARLES READE

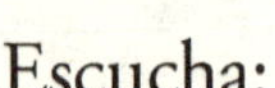

Escucha: 

Mira:  

PUEDES COMPARTIR AQUÍ...

LO QUE MÁS TE GUSTÓ E INSPIRÓ:

TU REFLEXIÓN:

18 de Diciembre

Lee:

"La edad adulta es cuando te has encontrado con tanta gente que cada nueva persona te recuerda a otra."

OGDEN NASH

Escucha: Mira:

PUEDES COMPARTIR AQUÍ...

>> LO QUE MÁS TE GUSTÓ E INSPIRÓ:

TU REFLEXIÓN:

19 de Diciembre

Lee:

"El que es elegido príncipe con el favor popular debe conservar al pueblo como amigo".

MAQUIAVELO

Escucha:

Mira:

PUEDES COMPARTIR AQUÍ...

LO QUE MÁS TE GUSTÓ E INSPIRÓ:

TU REFLEXIÓN:

20 de Diciembre

Lee:

"Es mejor ser examinado que ignorado".

MAE WEST

Escucha:

Mira:

PUEDES COMPARTIR AQUÍ...

LO QUE MÁS TE GUSTÓ E INSPIRÓ:

TU REFLEXIÓN:

21 de Diciembre

Lee:

"Siempre hay un lugar en las cumbres para el hombre valiente y esforzado".

THOMAS CARLYLE

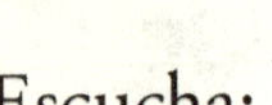

Escucha:

Mira:

PUEDES COMPARTIR AQUÍ...

LO QUE MÁS TE GUSTÓ E INSPIRÓ:

TU REFLEXIÓN:

MÓNICA
BELTRÁN PÉREZ

22 de Diciembre

Lee:

"Las pasiones alteran momentáneamente la índole de los hombres, pero no la destruyen".

GASPAR MELCHOR DE JOVELLANOS

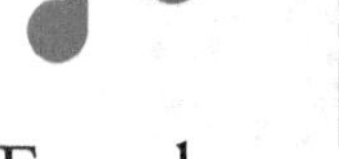

Escucha: Mira:

PUEDES COMPARTIR AQUÍ...

LO QUE MÁS TE GUSTÓ E INSPIRÓ:

TU REFLEXIÓN:

23 de Diciembre

Lee:

"Con la moral corregimos los errores de nuestros instintos, y con el amor los errores de nuestra moral".

José Ortega y Gasset

 Escucha: 

 Mira: 

PUEDES COMPARTIR AQUÍ...

LO QUE MÁS TE GUSTÓ E INSPIRÓ:

 TU REFLEXIÓN:

24 de Diciembre

Lee:

"La demagogia es la capacidad de vestir las ideas menores con la palabras mayores".

ABRAHAM LINCOLN

Escucha:

Mira:

PUEDES COMPARTIR AQUÍ...

LO QUE MÁS TE GUSTÓ E INSPIRÓ:

TU REFLEXIÓN:

25 de Diciembre

Lee:

"El amor al prójimo no conoce límites ideológicos ni confesionales".

MARTIN NIEMOELLER

 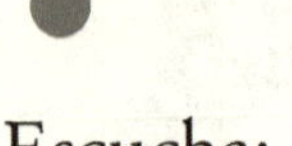  Escucha:

  Mira:

26 de Diciembre

Lee:

"Todo les sale bien a las personas de carácter dulce y alegre".

Voltaire

Escucha:

Mira:

PUEDES COMPARTIR AQUÍ...

LO QUE MÁS TE GUSTÓ E INSPIRÓ:

TU REFLEXIÓN:

27 de Diciembre

Lee:

"Ten fe ciega, no en tu capacidad para el triunfo, sino en el ardor con que lo deseas".

HORACIO QUIROGA

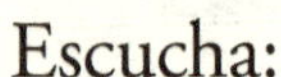 Escucha: 

 Mira: 

PUEDES COMPARTIR AQUÍ...

LO QUE MÁS TE GUSTÓ E INSPIRÓ:

 TU REFLEXIÓN:

28 de Diciembre

Lee:

"La pobreza no viene por la disminución de las riquezas, sino por la multiplicación de los deseos".

PLATÓN

Escucha:

Mira:

PUEDES COMPARTIR AQUÍ...

LO QUE MÁS TE GUSTÓ E INSPIRÓ:

TU REFLEXIÓN:

29 de Diciembre

Lee:

"La educación es el desarrollo en el hombre de toda la perfección de que su naturaleza es capaz".

KANT

Escucha:

Mira:

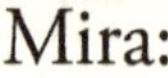

LO QUE MÁS TE GUSTÓ E INSPIRÓ:

TU REFLEXIÓN:

30 de Diciembre

Lee:

"Lo importante no son los eventos, sino cómo vinculamos nuestras emociones a éstos".

JONATHAN GARCÍA-ALLEN

Escucha: Mira:

PUEDES COMPARTIR AQUÍ...

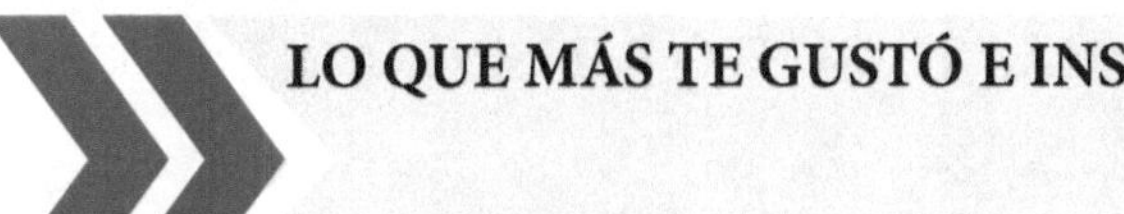

LO QUE MÁS TE GUSTÓ E INSPIRÓ:

TU REFLEXIÓN:

31 de Diciembre

Lee:

"Tienes que dar el 125 por ciento. Pon el corazón y el alma en ello; aprende a tener una actitud positiva y ganadora. No aceptes la derrota, pero aprende de ella".

Magic Johnson

Escucha:

Mira:

PUEDES COMPARTIR AQUÍ...

LO QUE MÁS TE GUSTÓ E INSPIRÓ:

TU REFLEXIÓN: